U0541046

中国社会科学院创新工程学术出版资助项目

理解中国丛书
Understanding China Series

中国经济改革的大逻辑

The Economic Reform Logic
in Contemporary China

By Zhang Xiaojing Chang Xin

张晓晶 常欣 著

中国社会科学出版社
CHINA SOCIAL SCIENCES PRESS

图书在版编目（CIP）数据

中国经济改革的大逻辑/张晓晶，常欣著 . —北京：中国社会科学出版社，2015.5（2016.9 重印）

ISBN 978-7-5161-5981-1

Ⅰ.①中… Ⅱ.①张…②常… Ⅲ.①中国经济—经济体制改革—研究 Ⅳ.①F121

中国版本图书馆 CIP 数据核字（2015）第 081324 号

出 版 人	赵剑英
责任编辑	喻 苗
责任校对	任晓晓
责任印制	王 超

出　　版	中国社会科学出版社
社　　址	北京鼓楼西大街甲 158 号
邮　　编	100720
网　　址	http://www.csspw.cn
发 行 部	010-84083685
门 市 部	010-84029450
经　　销	新华书店及其他书店

印刷装订	北京君升印刷有限公司
版　　次	2015 年 5 月第 1 版
印　　次	2016 年 9 月第 2 次印刷

开　　本	710×1000　1/16
印　　张	14.75
插　　页	2
字　　数	204 千字
定　　价	46.00 元

凡购买中国社会科学出版社图书，如有质量问题请与本社营销中心联系调换
电话：010-84083683
版权所有　侵权必究

《理解中国》丛书编委会

编委会主任： 王伟光

编委会副主任： 李 捷　李扬(常务)　李培林　蔡　昉

编委会成员（以拼音字母为序）：

卜宪群　蔡　昉　高培勇　郝时远　黄　平
马　援　金　碚　李　捷　李　林　李培林
李　扬　王伟光　王　巍　王　镭　杨　义
周　弘　赵剑英　卓新平

项目联络： 王　茵　朱华彬

出版前言

自鸦片战争之始的近代中国，遭受落后挨打欺凌的命运使大多数中国人形成了这样一种文化心理：技不如人，制度不如人，文化不如人。改变"西强我弱"和重振中华雄风需要从文化批判和文化革新开始。于是，中国人"睁眼看世界"，学习日本、学习欧美以至学习苏俄。我们一直处于迫切改变落后挨打、积贫积弱，急于赶超这些西方列强的紧张与焦虑之中。可以说，在一百多年来强国梦、复兴梦的追寻中，我们注重的是了解他人、学习他人，而很少甚至没有去让人家了解自身、理解自身。这种情形事实上到了1978年中国改革开放后的现代化历史进程中亦无明显变化。20世纪80—90年代大量西方著作的译介就是很好的例证。这就是近代以来中国人对"中国与世界"关系的认识历史。

但与此并行的一面，就是近代以来中国人在强国梦、中华复兴梦的追求中，通过"物质（技术）批判""制度批判""文化批判"一直苦苦寻求着挽救亡国灭种、实现富国强民之"道"，这个"道"当然首先是一种思想，是旗帜，是灵魂。关键是什么样的思想、什么样的旗帜、什么样的灵魂可以救国、富国、强民。百多年来，中国人民在屈辱、失败、焦虑中不断探索、反复尝试，历经"中学为体，西学为用"、君主立宪实践的失败，西方资本主义政治道路的破产，以及20世纪90年代初世界社会主义的重大挫折，终于走出了中国革命胜利、民族独立解放之路，特别是将科学社会主义理论逻辑与中国社会发展历史逻辑结合在一起，走出了一条中国社会主义现代化之路——中国特色社会主义道路。经过最近三十多年的改革开放，我国社会主义市场经济快速发展，经济、政治、文化和社会建设取得伟大成就，综合国力、文化软实力和国际影响力大幅提升，中国特色社会主义取得了巨大成功，虽然还不完善，但可以说其体制制度基本成型。百年追梦的中国，正以更加坚定的道路自信、理论自信和制度自信的姿态，崛起于世界民族之林。

与此同时，我们应当看到，长期以来形成的认知、学习西方的文化心理习惯使我们在中国已然崛起、成为当今世界大国的现实状况下，还很少积极主动向世界各国人民展示自己——"历史的中国"和"当今现实的中国"。而西方人士和民族也深受中西文化交往中"西强中弱"的习惯性历史模式的影响，很少具备关于中国历史与当今发展的一般性认识，更谈不上对中国发展道路的了解，以及"中国理论""中国制度"对于中国的科学性、有效性及其对于人类文明的独特价值与贡献这样深层次问题的认知与理解。"自我认识展示"的缺位，也就使一些别有用心的不同政见人士抛出的"中国崩溃论""中国威胁论""中国国家资本主义"等甚嚣尘上。

可以说，在"摸着石头过河"的发展过程中，我们把更多的精力花在学习西方和认识世界上，并习惯用西方的经验和话语认识自己，而忽略了"自我认知"和"让别人认识自己"。我们以更加宽容、友好的心态融入世界时，自己却没有被客观真实地理解。因此，将中国特色社会主义的成功之"道"总结出来，讲好中国故事，讲述中国经验，用好国际表达，告诉世界一个真实的中国，让世界民众认识到，西方现代化模式并非人类历史进化的终点，中国特色社会主义亦是人类思想的宝贵财富，无疑是有正义感和责任心的学术文化研究者的一个十分重要的担当。

为此，中国社会科学院组织本院一流专家学者和部分院外专家编撰了《理解中国》丛书。这套丛书既有对中国道路、中国理论和中国制度总的梳理和介绍，又有从政治制度、人权、法治，经济体制、财经、金融，社会治理、社会保障、人口政策，价值观、宗教信仰、民族政策，农村问题、城镇化、工业化、生态，以及古代文明、文学、艺术等方面对当今中国发展作客观的描述与阐释，使中国具象呈现。

期待这套丛书的出版，不仅可以使国内读者更加正确地理解一百多年中国现代化的发展历程，更加理性地看待当前面临的难题，增强全面深化改革的紧迫性和民族自信，凝聚改革发展的共识与力量，也可以增进国外读者对中国的了解与理解，为中国发展营造更好的国际环境。

2014年1月9日

目 录

序言 …………………………………………………………（1）

第一章　改革的起点 ……………………………………（5）
　1980年的中国与世界 ……………………………………（5）
　初始条件与改革选择 ……………………………………（9）
　改革路径体现了实践逻辑与理论逻辑的吻合 …………（12）
　改革的智慧："打擦边球"与"摸着石头过河" ………（14）

第二章　摸着石头过河 …………………………………（17）
　农村"包围"城市 ………………………………………（18）
　企业改革与非公经济发展 ………………………………（24）
　双轨制与价格闯关 ………………………………………（33）

第三章　改革的整体推进 ………………………………（41）
　计划还是市场？ …………………………………………（41）
　社会主义与市场经济的有机结合 ………………………（44）
　改革的整体推进 …………………………………………（46）

第四章　开放型经济发展 ……………………………………… (58)
　　经济全球化的背景和趋势 …………………………………… (59)
　　对外开放拉开序幕 …………………………………………… (61)
　　对外开放的关键步伐：加入WTO …………………………… (63)
　　中国开放的经验：渐进有序开放 …………………………… (67)
　　开放型经济发展新趋势 ……………………………………… (74)

第五章　宏观管理体制改革 …………………………………… (80)
　　"向中国学习宏观调控" ……………………………………… (80)
　　中国特色的"宏观调控" ……………………………………… (84)
　　宏观管理体制改革与宏观调控思想演变 …………………… (89)
　　宏观管理体制改革的基本逻辑 ……………………………… (100)

第六章　体制转轨与发展转型 ………………………………… (104)
　　改革的发展导向 ……………………………………………… (104)
　　发展内涵的演进与新改革观的升华 ………………………… (108)
　　寻求经济体制创新与发展模式创新的紧密结合 …………… (114)

第七章　国际视野中的中国改革 ……………………………… (123)
　　中国渐进改革的基本经验 …………………………………… (123)
　　苏东国家的激进转型及其后果 ……………………………… (125)
　　休克疗法为什么不成功？ …………………………………… (133)
　　超越渐进式改革的探索 ……………………………………… (136)

第八章　改革进入深水区 ……………………………………… (139)
　　改革进入深水区和攻坚期 …………………………………… (139)

改革的政治经济学 …………………………………………（141）
　　顶层设计与推动是中国改革的宝贵经验 ……………………（148）
　　顶层设计还要与"摸着石头过河"相结合 …………………（151）
　　全方位改革启幕 ………………………………………………（155）

第九章　更好发挥政府的作用：重塑政府职能 ………………（162）
　　政府行为的扭曲 ………………………………………………（162）
　　调整财税激励,矫正地方政府微观化行为 …………………（165）
　　去"土地财政",克服地方政府的趋利化行为 ………………（173）
　　完善公共治理,强化政府的公共利益倾向 …………………（176）
　　探索公共服务供给主体多元化 ………………………………（178）

第十章　发挥市场的决定性作用：关键领域改革 ……………（182）
　　市场作用的三次飞跃 …………………………………………（182）
　　行政审批制度改革 ……………………………………………（186）
　　混合所有制与国有企业改革 …………………………………（189）
　　财税体制改革 …………………………………………………（195）
　　金融体制改革 …………………………………………………（198）
　　土地制度改革 …………………………………………………（205）
　　户籍制度改革 …………………………………………………（208）

改革再出发：引领经济新常态 …………………………………（210）

参考文献 …………………………………………………………（214）

索引 ………………………………………………………………（224）

序　言

1978年，中国经济改革拉开序幕。迄今30余年，中国经济改革创造了举世瞩目的增长奇迹。2013年，以习、李为首的新一届政府，用十八届三中全会通过的《中共中央关于全面深化改革若干重大问题的决定》向世界宣告了中国改革再出发的行动纲领。

中国经济改革无论过去还是现在，都在争议中前行。全面总结中国经济改革还为时尚早。不过，30余年的改革毕竟为我们准备了极其丰富的经验素材。借此，我们可以管窥中国经济改革的路径及其背后隐含的大逻辑。

第一，改革本身是有周期的。改革往往是不得已而为之，体制、制度有惰性，世界与中国莫不如此。20世纪70年代末的那场改革，源于中国经济社会到了崩溃的边缘。当时的全社会都在呼唤改革和变化，改革的动力来自于那种置之死地而后生的兴奋和激情，由此所焕发的改革动能无与伦比！经历30多年，改革动能与改革红利基本上消耗殆尽。现在到了改革的一个低潮期，也是改革的一个攻坚期。这就是为什么改革要再出发，改革共识需要重建。

第二，经济改革离不开其他领域的改革。改革是个系统工程，需要相互配套、协调，总体推进。如果只是经济改革单兵突进，往往会造成孤军深入，弄不好会前功尽弃。特别是，局部的、碎片化的改革，常常顾此失彼、相互掣肘，甚至会造成制度摩擦。制度变革本质上就应该是整体推进的，否则，就会产生巨大的制度运行成本。因此，中国经济改革需要与政治、文化、社会、生态文明等领域的改革齐头并进，进入"五位一体"的全方位改革新阶段。

第三，处理好改革、发展与稳定的关系。中国转型与发展的历程本质上是改革、发展与稳定三者统一的进程。尽管这么做可能会牺牲一些效率（比如改得不太快，因为考虑稳定问题而制约了改革速度），但是最终会实现长期的持续增长。只有社会稳定，改革发展才能不断推进；只有改革发展不断推进，社会稳定才具有坚实基础。离开社会稳定，不仅改革发展不可能顺利推进，而且已经取得的成果也可能会丧失。这就是为什么中国会选择渐进式改革，会允许双轨制的存在，会容忍由此所带来的套利与效率损失。这些问题常常为人所诟病。特别是，一些集团利益的固化也被认为是这样一种不彻底的改革所带来的。然而，与休克式疗法相比，人们会发现，中国能够保持长期稳定增长的局面，恰恰是和坚持改革、发展、稳定的统一从而实施有效的改革路径有着密切的关系。这种三维的统一与西方主流经济学强调效率的一维视角迥然相异。

第四，改革的实践逻辑与理论逻辑相吻合。中国改革并没有以西方主流理论为遵循，而是以实践是检验真理的唯一标准为指南。中国改革的实践往往走在理论的前面，甚至会改写理论。当然，这并不表明中国改革是没有理论逻辑的。改革的历程显示，中国不是"碰巧"成功了。农村改革、乡镇企业发展、国有企业改革、市场体系建立、渐进有序开放、通过自贸区来尝试跨太平洋合作伙伴协定（TPP）的高标准等，这些实践都蕴含着中国改革的智慧，而其中自有理论逻辑在，是符合理论解释的。这个理论逻辑就是：一方面把握改革初始条件的特殊性，立足于中国国情；另一方面，积极融入全球化，主动适应和契合世界发展的潮流。以这样的逻辑推动各领域改革，实际上也超越了渐进与激进的争论。

第五，改革顶层设计与摸着石头过河相结合。改革初期以摸着石头过河为主，是因为改革蓝图不清晰，经验积累也还不够丰富，从而"顶层设计"的色彩会弱一些。随着改革的推进，特别是进入深水区，顶层设计变得尤为重要。基层探索囿于地方，有因地制宜的好处，也易造成改革的碎片化，缺乏系统性与协调性，需要顶层设计来全面统筹。这些顶层设计涉及改革的理论准备、改革的全面布局、改革的机制设计等方面的内容。强调顶层设计并不是要舍弃摸着石头过河。现阶段改革情况非常复杂，需要摸着石头过河来探索路径、积累经验（比如混合所有制与国企改革）。对那些必须取得突破但一时还把握不准的重大改革，要鼓励和支持一些具备条件的地方先行先试，把风险和影响控制在局部范围。

第六，持续改革与全球改革竞争。改革只有进行时没有完成时。这显然并不仅仅是针对中国这样一个制度还没有成熟、定型的国家。其实，即使是成熟市场经济体比如美国，改革也是不断进行的。从全球范围看，制度的竞争以及为获得制度优势而衍生的改革竞争将是一个常态。从制度经济学角度，推动内在制度和外在制度演化的因素，不仅有对国际贸易和要素流动的被动反应，而且还有为更好地竞争市场份额和动员生产要素而对制度进行的主动调整。全球化已经导致了"制度（或体制）竞争"[1]。特别需要指出的是，2008年全球金融危机以来，再平衡、结构调整与改革成为全球发展的主旋律。十八届三中、四中全会对中国的改革作了全面部署，而美、欧、日也纷纷推出结构性改革计划与长期增长战略，改革竞争的序幕已悄然拉开。

能否持续推进改革是一个国家能力的体现。爱德蒙·伯克在《法国革

---

[1] 参见柯武刚、史漫飞《制度经济学：社会秩序与公共政策》，商务印书馆2000年版。

命的反思》①中说：一个国家若没有改变的能力，也就不会有保守的能力。没有这种能力，它将不免冒着一种危险，即失去其体制中它所最想保存的部分。这是从最深层次揭示出的改革的原动力：我们不断地改革，正是为了"保有"社会主义制度的不变色。

  在全球制度竞争与改革竞争的大背景下持续推进自身改革，可以说是中国改革最重要的逻辑。邓小平同志在20世纪80年代曾说过，改革的意义，是为下一个十年和下世纪的前五十年奠定良好的持续发展的基础。没有改革就没有今后的持续发展。所有改革不只是看三年五年，而是要看二十年，要看下世纪的前五十年。这件事必须坚决干下去。②

---

 ① Burk, Edmond, Edmund Burke, 1986, *Reflections on the Revolution in France* [1790], Penguin Classics.

 ② 参见《邓小平文选》第3卷，人民出版社1993年版，第118页。

第一章

改革的起点

在改革的起点，在十一届三中全会已经吹响了改革号角的时候，事实上中国改革向何处去并没有一个清晰的蓝图，身为改革设计师的邓小平也还没有完成他的"顶层设计"。和王家卫拍戏一样，这是一场没有脚本的改革。然而，摸着石头过河却让中国人尝到了改革的甜头。

现在回头来审视改革的原点，我们发现：中国的改革恰恰是国内十年"文化大革命"刚结束、经济社会处于崩溃边缘之时；而发达经济体也刚刚经历近十年滞胀、有待里根与撒切尔的自由化改革来力挽狂澜的当口；同时，于此后二十余年席卷世界的全球化浪潮也正在暗流涌动。这一次，中国终于赶上了——赶上了全球化列车，赶上了改革大潮！始于20世纪70年代末的那场改革，彻底改变了中国。

◇1980年的中国与世界

20世纪70年代末80年代初，在全球范围内，改革都是一个重要的关键词。在东方，中国发动了掀起千年变局的市场化改革；在西方，里根、撒切尔的自由化改革也是如火如荼。事实上，同样在推动改革的还有其他一些国家。按照费尔德斯坦的说法："20世纪80年代是经济政策在世界范围内发生重大变化的十年。所有这些变化的共同特征，是政府在经济中的作用减弱。这种变化发生在美国、中国、从南部智利到北部的墨西哥的拉美各国、玛格丽特·撒切尔的英国、整个东欧和苏联。"①

现在回想，当时在全球范围内所呈现的不啻是一场改革的竞赛。西方战后增长的黄金时代为石油危机所中断，在滞胀中徘徊了将近十年，需要真正的结构性改革才能走出来；而中国在经历了十年"文化大革命"的浩劫之后，只有改革开放才是唯一的出路。历史何其相似！30多年后的今天，在国际金融危机的巨大冲击下，各国也都在迫不急待地进行再平衡与结构调整，全球范围内的改革竞争已拉开序幕！

不过，相较于今天，20世纪70年代末的那场惊天动地的改革，还是中国身处全球化之外的一场运动。只是随着改革开放的推进，中国才逐步融入全球化的潮流，真正加入世界分工体系中。事实上，也正是始于80年代，中国逐步和外部世界有了频繁的经贸上的"交流"，全球化的运动才真正开启，并有了后来二三十年的"大稳定"和全球化繁荣。中国应该感到幸运，因为这次终于踏上了全球化的时代列车。与此同时，世界也要感到幸运，因为正是中国的加入，这趟时代列车才有了持续而汹涌的动力。

很显然，中国与世界密不可分。从这个角度，我们就容易理解，中国的改革绝不是一个孤立的事件，更不是一个偶然的事件。尽管我们看到，中国改革的发生，根本上还是源于自身的因素，但总离不开国际因素的影响。

一个普遍的说法是，经过十年"文化大革命"的浩劫，中国经济社会到了崩溃的边缘。换句话说，那个时候如果不改，如果没有从经济基础到上层建筑的根本性变革，中国将陷入真正的混乱、危机甚至崩溃。改革不再是句口号，当其提出之时，得到的是全社会的热烈响应。我们所看到的对于改革的欢呼，正是置之死地而后生的那种激动！或许，改革共识在社会企盼的过程中就已经达成！

---

① ［美］马丁·费尔德斯坦：《20世纪80年代美国经济政策》，王健等译，经济科学出版社2000年版。

初始的改革是艰难的，需要打破僵局，需要有冲破重重阻力的破冰之旅。于是，中国在经历了长时间的闭关锁国后，终于想到要去看看外面的世界。僵化的思想亟待外界的刺激。

仅1978年的一年里就有13名副总理级的干部出访约20次，共访问了50个国家。数百名部长、省长、第一书记及其部下也加入了出国考察的行列。邓小平在1978年底总结出国考察的作用时高兴地说："最近我们的同志去国外看了看。看得越多，就越知道自己多么落后。"在他看来，这种对落后的认识是使改革获得支持的关键因素。因此，1978年12月2日，他告诉那些为他起草启动改革开放政策讲稿的人："基本的要点是，必须承认自己落后，我们的很多做法都不对头，需要加以改变。"出国考察使很多高层干部更加相信邓小平的看法是正确的：中国必须改弦易辙。在1978年的所有出国考察中，对中国的发展影响最大的是谷牧所率领的考察团于1978年5月2日—6月6日对西欧的访问。它和1978年11月的中共十一大以及同年12月的三中全会一起，成为中国改革开放的三个转折点。[①]

这个故事不禁让人想起推动日本走上现代化道路的岩仓使团。从1871年12月到1873年9月，明治政府的51名官员乘坐轮船和火车，考察了15个不同的国家。这个考察团由当时已是明治政府最高官员之一的宫廷右大臣岩仓具视率领，随行官员来自日本政府的所有重要部门：工业、农业、采矿业、金融、文化、教育、军事和治安。岩仓使团离开日本的时候，日本基本上仍是一个封闭的国家，日本人对外部世界所知甚少。但是，这些官员考察了各国的工厂、矿山、博物馆、公园、股票交易所、铁路、农场和造船厂，这令他们眼界大开，认识到日本不但要引进新技术，还要引进新的组织和思维方式，唯此方能改造自身。这次出访，让使团成员意识到日本与先进国家相比的落后程度是如此之显著，也对如何进行变革形成了

---

① 傅高义：《邓小平时代》，生活·读书·新知三联书店2013年版。

共识。这些官员没有因所见所闻而沮丧,而是在回国后充满干劲。他们对日本的前景踌躇满志,并且热衷于向海外派出更多使团进行更细致的考察。

中国派出的官员考察团,没有一个像岩仓使团那样考察了如此长的时间,但是从1977年到1980年,很多次由高层官员分别进行的考察访问也对中国人的思想产生了类似的影响。

当时的考察至少有两个作用:一个是认识到自身的落后,没想到关门几十年,国外已经取得了突飞猛进的发展。由此引起人们进一步思考,社会主义制度比资本主义制度先进,但为什么比他们落后?这可以从一篇出国考察报告[①]中看出来:我们是社会主义社会,我们的制度比资本主义优越得多,但是由于缺乏经验,我们在社会主义建设过程中存在一些缺点,社会主义的优越性还没有充分发挥出来。

另一个是认识到资本主义制度中也有值得中国借鉴的地方,这包括国外科技、资本、管理等,从而为下一步的设立特区和开放城市,以及大量引进外资做了思想准备。邓小平说,巩固和发展社会主义制度,还需要一个很长的历史阶段,需要我们几代人、十几代人,甚至几十代人坚持不懈地努力奋斗。几十代人,那是多么长啊!从孔老夫子到现在也不过七十几代人。习近平在十八届三中全会决定说明中提出,35年来,靠什么来实现我国经济社会快速发展、在与资本主义竞争中赢得比较优势?靠的就是改革开放。

这意味着,建设和完善中国特色社会主义,永远不要忘了那个一直与我们竞争赛跑的资本主义。由此,制度竞争与改革竞争,不仅是推动中国经济社会发展的不竭动力,也将是人类社会走向更高阶段的必由之路。

[①] 邓力群、马洪、孙尚清、吴家骏:《访日归来的思索》,中国社会科学出版社1979年版。

◇初始条件与改革选择

无论是国外的"刺激"还是国内的压力,都逼迫中国要改革。但怎么改,从哪儿打开突破口,应该有一个怎样的改革顺序(sequence),却都是难题。

改革的路径选择是与初始条件密切相关的。中国改革的初始条件或者说改革的背景最突出的有两个:一个是计划经济体制,一个是贫穷落后的农业国家。这两个背景决定了中国改革的任务必将是转型与发展的双重任务;转型是指从计划经济到市场经济的体制变换,发展是指从农业国家向工业化国家的迈进。

首先,改革前中国经济是较为典型的计划经济。其主要特征有:①公有制经济在所有制结构中占据主导地位。各社会主义国家建立计划经济体制的过程,本质上就是生产资料公有化和国有化的过程。从所有制结构看,改革前中国的经济体制中"一大二公"的特征十分明显,符合传统计划经济的共同标准。在我国的公有制经济中,按照公有程度不同,城市工业经济所有制主要包括全民所有制、国家所有制和集体所有制;农村则主要以土地国家所有和农村集体所有制为主,但必须严格执行国家下达的指令性的农产品统购计划和相应的生产计划,并不具有完整的集体产权。农村土地在国家所有的基础上,由集体管理,农民对土地仅有使用权。社会主义改造完成之后,1956年我国国民收入中,公有制经济的比重曾经高达90%以上,个体经济比重下降为7.1%,私营经济更是降到0.1%以下。1956年社会主义改造的完成,意味着我国所有制结构和调节方式都实现了向完全计划经济的转变。②国家对经济活动采取直接指令性行政管理。中央计划经济体制的一个主要标志是国家或中央政府成为经济运行中的核心主体,而企业由于只执行既定生产计划成为政府的附属物。国家主要通过一定阶段的经济发展计划实施对经济运行的调控和管理，通过组建专门的经济计划部门制定发展计划，并对企业通过指标、计划参数、实际评价等实行全面的控制，而企业的绩效则完全表现为对计划的完成和当局的偏好。高度计划指令经济要求对经济运行的方方面面都要做出细致的计划，但由于信息问题，计划多具有刚性而缺乏灵活性。③经济决策权高度集中。国家不仅要负责宏观方面的资源配置，甚至对微观的企业和个人的收入和支出都做出计划，以实现资源在微观主体间的配置。这导致在国家和政府之外并不存在实际的微观经济主体。④社会资源的计划配置。计划配置资源的一个核心机制在于以行政命令手段替代价格机制。在中央计划经济体制下，市场通过价格机制对资源的配置作用被压缩到最小的范围。⑤交易活动的非价格特征。按照制度经济学关于交易的观点，交易是人类经济行为中最一般的经济活动。市场经济的核心特征在于通过价格机制来实现交易，而计划体制下的交易活动则被行政指令所替代，交易对象被消除了商品本性。

其次，中国具有典型的二元经济特征，主要表现为城乡、工农双重二元结构。发展经济学理论认为，基于农业和工业两种生产方式的生产力差别，必须要实现农业的工业化以消除二元经济的不平衡发展。从世界发达国家的经济发展历程来看，实现农业的工业化无疑是走向现代化的一个重要内容。工业化作为一个国家或地区从传统农业社会到工业社会乃至后工业社会的必经阶段，其发展程度往往成为衡量一国或地区现代化水平的重要尺度。就中国而言，农业工业化也是一条必经之路。因此，一定程度上讲，中国的改革开放和社会主义市场经济的发展，也是中国二元经济结构的转变过程。一方面，大量农村的剩余劳动力源源不断地涌入城市的现代部门（如工业部门），导致资源配置效率的大幅提高；另一方面，农业的工业化使得中国的工业化水平和城市化水平都在不断取得新的突破。

正是计划经济体制与二元经济结构，决定了中国改革所面临的转型与发展的双重任务。而农村改革的先行以及后来乡镇企业的异军突起，恰恰是实现这双重任务的合理选择。毕竟，当时的农村经济相对于城市经济，计划色彩还是较弱一些；而乡镇企业发展也是"最便利"的农村工业化。

当然，改革的逻辑还要遵循另外一条原则，就是实用主义：哪个领域情况紧迫就从哪里开始改；哪个领域阻力小就从哪里改。而当时，情况最糟糕的是农业部门，改革阻力较小的也是农业部门。

极端糟糕的农村经济状况，特别是农业收入长达几十年的停滞不前，是早期政策制定的主要动力。20世纪70年代末，计划经济没有解决长期的粮食供应问题。70年代前半段，粮食配给不足的家庭数量不断上升，粮食依存和跨省粮食运输减少，所有这些都针对濒临粮食严重危机边缘的体制，并且没有持续改善的迹象。1973—1980年，中国平均每年进口超过600万吨的粮食，其中大部分是小麦。在进口最高的年份，粮食占了国家进口的很大比重。当准备引进机器设备和其他技术来跨越式发展中国的工业时，农业部门却无法减少它的人口，从而严重阻碍了整个国家的发展。在这一背景下，中国改革从农村开始就并不令人吃惊了。1979年，陈云建议把农业放在经济计划的首要地位，同时在全国范围内压缩投资率，于是形成一种将资源配置向农业部门倾斜的政策背景。容忍农村的改革试点就是一种必然选择了。

另外，中国在改革之初的一个重要事实是，中国是一个典型的农业国，80%的劳动力人口在农村。由于地少人多的客观条件，也因为30年追求工业化，实行相应的农产品收购制度和价格制度，大多农民生活处于较低水平，且从未享受由国家提供的某些社会福利。这导致了他们对旧体制既得利益较少，较易摆脱旧体制束缚，从事新的市场导向的经济活动，发展起新的经济关系。[1] 这和苏联东欧国家绝大多数劳动人口在国有部门工作享受

---

[1] 樊纲：《渐进改革的政治经济学》，上海远东出版社1996年版。

国家福利的情况迥异。为什么中国的改革可以起于农村，且相对较容易推开？因为阻力较小。

在农村改革的同时，鼓励乡镇企业发展，特别是允许乡镇企业进入以盈利为目标的行业，这造就了保障农业改革进一步深入的氛围。后来的乡镇企业的发展成为整个20世纪80年代中国改革成功的关键。截止到1989年，乡镇企业产值占到全社会总产值的25%，其中乡镇工业总产值占到全国工业总产值的30%。1987年6月12日，小平同志在会见南斯拉夫客人时对乡镇企业给予了满腔热情的肯定。他说："农村改革中，我们完全没有预料到的最大收获，就是乡镇企业发展起来了，突然冒出搞多种行业，搞商品经济，搞各种小型企业，异军突起。"[1] 国际学界也高度肯定乡镇企业是中国经济改革中的创新，是中国经济增长的奥秘所在。

◇◇ 改革路径体现了实践逻辑与理论逻辑的吻合

中国改革路径的选择，在今天看来是"误打误撞"地成功了。但正如下面所分析，改革实践中所蕴含的逻辑，实际上是符合理论解释的，是与理论逻辑相一致的，并不是"碰巧"成功了。

比如，对于伟大的中国农村改革，一些学者认为，那不过是做了一些简单的微观调整，转向了价格双轨制。但正是这个看起来简单的双轨制，即农民在以国家规定的价格向国家履行完他们的义务以后，可以基于市场价格出售农作物，却大大解放了农村的生产力。

黄亚生[2]认为，西方经济学家认为双轨制价格的一个优势是它简单的运行机制，但是他们忽略了双轨制价格的一个前提条件，即农民必须对政府

---

[1] 《邓小平文选》第3卷，人民出版社1993年版，第238页。
[2] 黄亚生：《中国经济是如何起飞的》，《经济社会体制比较》2013年第2期。

计划颁布的生产指标有稳定的预期。但获得这种稳定预期不是一件简单的事情。在一个不受制约的体制中所谓"棘轮效应"非常普遍,即计划者根据前期的业绩加大计划指标。双轨制在中国的成功说明中国避免了"棘轮效应"。其实双轨制既不是一个新的发明,更不是中国人的发明。苏联曾进行过多次尝试,但都没有成功。中苏两国经验表明,双轨制能否成功取决于一个政治体制能否避免"棘轮效应"。双轨制作为简单或者复杂的技术机制是一个次要或者根本不重要的因素。邓小平时代的中国领导承诺不提高计划指标,而且他们的承诺是有公信力的。这是中苏在施行双轨制改革方面最大的区别。双轨制在中国的成功实际上是邓小平时代中国政治的成功。

中国和苏联在另一个方面的区别是经济结构。中国的改革开始于农村,而且中国当时是以农业为主的经济,而苏联那时已经是高度工业化了。在其他条件相当的情况下,农村比城市更容易产生私营和市场经济。中国现在很多大型的制造业的私营企业不是在北京或上海,而是起源于20世纪80年代中国的农业大省,比如浙江、湖南、安徽和四川。这个现象是有体制原因的。计划经济在农村实施要比在城市实施困难。农村经济受许多随机因素影响,比如天气和土壤条件等。从政治角度来讲,"文化大革命"主要是对城市的巨大的政治冲击。在"文化大革命"期间,中国城市地区被扫清了所有资本主义的残余。但是在中国农村,当时还有一定的自由市场活动。在农村残余的自由市场活动为邓小平时代农村改革的成功奠定了基础。农业改革一个非常成功的案例是土地承包制,但土地承包制的运行要求承包方对经济剩余价值有一定的知识。当时在中国农村还有一些这方面的知识(可能是因为农村还有一定的自留地),但在城市已经消失殆尽了。农村的自由市场活动的残余从功能上讲相当于一个政策乘数,即它扩大了经济改革的影响。这个道理也能解释为什么同样的改革在类似于中国和越南这种农业经济国家会引发巨大的供给效应而在工业化的苏联却没有任何效果。

可见,中国改革的成功与一些特殊的初始条件是有关系的。这些条件包括：中国经济计划的分散性，乡村工业的增长对改革的支持，大规模制造设备的分散，可利用的商业信息、技术知识和来自海外华侨的资金。制度的变迁、市场的竞争、金融压力、创新与改革的进一步推进形成了一个有效的循环。

值得指出的是，在改革之初，对于从哪里改、如何改、是渐进还是激进，应该说并没有一个非常成熟的理论准备和顶层设计。再加上刚刚打开国门，对于外面的信息掌握还不充分，对于国外的借鉴也还欠缺。而接触不多的国外专家，他们的意见也都是"仅供参考"，远远达不到起决定性作用的地步。还有，中国问题的复杂性，远远超出了国外经验所能提供的启示和经济学家们的理论模型。所有这些初始条件，使得改革"设计"变得异常艰难。但事后看来，改革的实践逻辑与理论逻辑是相当吻合的，这并不是一种简单的巧合，这恰恰是摸着石头过河、不断试错和大胆创新的成功之处，是改革设计师的智慧与人民群众首创精神相结合的产物。

◇ 改革的智慧："打擦边球"与"摸着石头过河"

如果我们把目光拉回到中国，时间再往前回溯，会发现，对于社会主义制度的探索和改革的努力并不是自某一天才开始有的，而是不断积累酝酿进而爆发的一个过程。中国自20世纪50年代开始，就有很多的改革建议，针对当时集中计划经济带来的这样那样的问题。和中国一样，当时的苏东国家也在进行改革探索并形成了较为系统的理论（如波兰经济学家布鲁斯提出的分权理论、捷克经济学家奥塔锡克提出的计划与市场相结合的"锡克模式"等）。这些改革理论，始终未能很好地回答这么一个问题，就是社会主义能不能和市场经济相结合，或者二者是否天然对立？小平同志回答了这个问题。他在1979年就提出，社会主义也可以搞市场经济。1992

年在南方谈话中，邓小平进一步指出：计划多一点和市场多一点，不是社会主义和资本主义的本质区别。计划和市场，都是经济手段。1992年10月12日，中共十四大报告正式宣布：中国经济体制改革的目标是建立社会主义市场经济体制。

实践往往是先于理论的。在社会主义市场经济理论还未能完整提出和被官方认同的情况下，实践就已经走在前面了。但中国有句老话，叫名不正则言不顺。这也使得很多改革实践是冒着"名不正"的风险，是在一种打制度擦边球的过程中推进的。

中国从社会主义计划经济向市场经济转型，有三个基本背景：一是中央集中控制下的层级制约体制；二是把社会主义理想变为现实的仅有苏联一种模式；三是政策权威高于制度权威。在这种背景下，想一步到位取得制度上的重大突破十分困难，除非采用流血的方式，像苏联那样。历史证明这种方式是不可取的。而可利用的，就是政策本身的伸缩性。像安徽的"省委六条"是典型的利用政策伸缩性的"擦边球"策略，其中提出"根据不同农活建立不同的生产责任制""落实按劳分配制度"等，都可以从不同角度理解。改革者正是从积极方面来理解和发展了这些政策，推动了改革的发展。原有的制度和政策中，有合理的，也有不合理的。在打"擦边球"的过程中，要学会验证哪些是合理的、哪些是不合理的，从而推广合理的，取消不合理的。1979年国务院下发国发（1979）74号文件，主张大力发展社队企业，要求各省、地、县都要成立社队企业管理局。但当社队企业发展起来后，同原有的体制发生了激烈的冲突。河南卢氏县兴办桐油加工厂，收购本社农民生产的桐油籽，与县粮食和供销系统发生了尖锐的冲突。官司一直打到邓小平那里。农民坚决拥护新的政策，不久国务院发出公告，撤销了粮食部和全国供销总社。诚然，这种策略也有反面的例子。改革开放初期，建立外向型经济和经济特区，由于有些政策不明确，导致走私猖獗。中央迅速采取措施，保证了经济的顺利发展。"擦边球"策略从正反两个方面显示出了优势性。很多改革的亲历者都充分肯定了"擦边球"策略。1983年任广东省省长的梁灵光在回忆广东改革的历史时说:"灵活掌握和运用中央赋予的特殊政策、灵活措施,不断开拓创新,是保证广东在改革开放中先走一步的关键。"

与打擦边球有异曲同工之妙的是摸着石头过河。

改革之初并没有一个宏观蓝图或顶层设计,而是探索试错,摸着石头过河。1980年12月在中央工作会议上,陈云讲话称:"我们要改革,但是步子要稳。……随时总结经验,也就是要'摸着石头过河'……"① 邓小平对陈云提出的"摸着石头过河说"完全赞同。邓小平所提出的"要坚决地试,大胆地闯""杀出一条血路来",都体现了这种思想。"摸着石头过河",是在勇敢实践中不断总结经验的一种形象的说法。"摸着石头过河",对于大胆解放思想、积极稳妥地推进改革起到了巨大的指导作用,成了在中国家喻户晓的经典话语。

现在看来,无论是双轨制,还是价格闯关、对外开放等,都是摸着石头过河硬闯出来的,有经验也有教训。比如说,双轨制导致出现了大批倒配额倒白条的腐败;80年代末的价格闯关也并没有成功;对外开放城市,小平同志总结,应该一开始就把上海放进去。诸如此类,正说明,在改革之初没有值得参考的蓝图和经验的情况下,摸着石头过河是一种明智的选择,是一种实用主义的态度。中国的改革正是在试错中开始、在试错中前进的。当然,在改革进入新阶段时,随着改革本身复杂程度的提高,需要不同领域改革的相互协调和支撑,改革的系统性要求提高,顶层设计变得非常必要;同时,随着改革实践经验的丰富,以及对于未来改革蓝图的逐渐明晰,改革的顶层设计也具备了较好的条件。这就需要将摸着石头过河的基层首创精神与充分的理论准备和顶层安排相结合,从而更好地推进改革,少走弯路。

---

① 《陈云文选》第3卷,人民出版社1995年版,第279页。

第二章

摸着石头过河

中国的经济体制改革，从前期看，总体上呈现以破为主，兼有一定程度"破""立"并存的特点。在这一阶段推进改革的过程中，更多采用了"摸着石头过河""撞击反射""试错"的方式，并体现了从"外"到"内"、从"易"到"难"的改革顺序。也就是绕开计划经济控制最严密的地方或环节，不先"啃"最硬的"骨头"，而是从比较容易攻克的地方和环节突破，逐步从传统体制外以及传统体制内的外围过渡到传统体制内特别是其内核部分。采取这种改革方式和改革顺序，主要是基于如下三点：

第一，是中国是一个人口多、地域广，而且经济发展很不平衡的国家。城乡之间、沿海内地之间、国有经济与非国有经济之间在改革的承载和接受能力上存在着很大的差异。这就决定了各个区域或部门的改革不可能"齐步走"，而需要"分而治之"，梯次推进。

第二，是中国的改革是一场全方位的改革，如此复杂、庞大的工程，决定了各个子系统的改革绝不可能在朝夕之间"齐头并进"地加以完成，而需要选准"突破口"，渐次展开，逐渐深入。

第三，是中国以建立社会主义市场经济体制为目标的改革，不少情况下既缺少现成的理论作为指引，也缺少具体的经验作为参照。这就需要充分激发来自多元社会经济主体内生或自生的改革力量，稳步有效地扩大基层和民众的参与，通过在基层实践中探索，自下而上推动改革，以降低改革的风险。

◇ 农村"包围"城市

农业是国民经济发展的基础，在中国尤其如此。改革开放之初，农村人口占全国人口的 80%。不把人数如此众多的农民的积极性调动起来，不发展农业，整个国民经济就难以迅速发展。同时，农村主要是集体经济，与国有经济占绝对优势的城市相比，是计划经济体制相对薄弱的环节，也是易于首先突破的环节。这就决定了中国经济体制改革必然首先从农村改革开始。

（一）农村微观经营制度改革

农村改革发端于农村土地关系调整所引发的经营制度变革，也就是逐步打破"三级所有、队为基础"的集体经营模式，实行联产承包到户的家庭经营制度。

1978 年夏秋之际，安徽发生了百年不遇的特大旱灾，人民生活出现严重困难。安徽省委作出把集体无法耕种的土地借给农民耕种，谁种谁收、不向农民收统购粮的"借地种粮"决策。"借地种粮"的政策唤起了农民的生产积极性，也引发了一些地区包产到组、包干到户的行动。

凤阳县小岗生产队成为全国农村率先实行"包干到户"的一个典型。1978 年夏，由于大旱，村里 20 户人家 100 多口人，大多数需要讨饭才能活下去。1978 年底，小岗村 18 户农民为了摆脱贫困，冒着风险自发地立一纸文书，写道："我们分田到户，每户户主签字盖章，如以后能干，保证完成每户的全年上缴和公粮，不再伸手向国家要钱要粮；如不成，我们干部坐牢杀头也甘心。大家社员也保证，把我们的小孩养活到十八岁。"并按下了充满悲壮意味的18个红手印。在实行包干到户的当年,小岗村粮食总产量66吨,相当于全村1966—1970年5年粮食产量的总和。

小岗村"交够国家的,留足集体的,剩下都是自己的"大包干实践,打破了农村计划经济旧体制坚冰,开启了全国农村家庭联产承包责任制的序幕。1978年,安徽实行"包产到户"的生产队达到1200个,次年又发展为3.8万个,约占全省生产队总数的10%;到1980年底,安徽全省实行"包产到户""大包干"的生产队已发展到总数的70%。与此同时,在四川、贵州、甘肃、内蒙古、河南等地,"包产到户"也在或公开或隐蔽地发展着。到1980年秋,全国实行"包产到户""包干到户"的生产队占到总数的20%;1981年底增加到50%。

在广大农民创造并自发推广"双包到户"的过程中,农村的传统经营体制被撞开了一个大缺口。中国的领导层支持了中国农民的伟大创造,1982年1月中共关于农村经济政策的第一个"一号文件"对迅速推开的农村改革进行了总结,明确提出包产到户、包干到户或大包干"都是社会主义集体经济的生产责任制,反映了亿万农民要求按照中国农村的实际状况来发展社会主义农业的强烈愿望";并指出"集体经济要建立生产责任制是长期不变的"。1983年的中共"一号文件"更为明确地提出联产承包责任制"是在党的领导下我国农民的伟大创造,是马克思主义农业合作化理论在我国实践中的新发展"。来自中央的肯定和承诺稳定了农民的制度预期,使家庭承包经营制度进一步推开。到1983年底,中国98%的农村集体都实行了家庭联产承包责任制。

联产承包责任制的实行克服了集体生产条件下高度集中管理的弊端,包括普遍存在的"搭便车"现象,使农户真正成为独立的经营主体、成为部分的剩余索取者,由此产生了对农民的制度性激励,降低了生产监督成本。而为了强化对农户持续投资土地的激励,在实行家庭承包经营的过程中,土地承包期也被不断延长,最初是1—3年,1984年决定延长到15

年，1993年又允许第一轮土地承包合同到期后再延长30年，之后又寻求从法律上保护农户的土地承包使用权，以期建立稳定的土地承包关系。特别是2003年《农村土地承包法》的颁布和实施，以法律形式"赋予农民长期而有保障的土地使用权"，标志着中国农村土地承包经营制度真正走上了法制化轨道。这种政策上的连续性和稳定性，提高了改革的政治可信性。

以推行家庭联产承包责任制为主要内容的农村经营体制改革，极大地解放了农村生产力，释放出大量剩余劳动力，促进了乡镇企业的异军突起，成为一段时间内支撑中国经济高速增长的重要支柱。据统计，在1979—1984年的短短几年时间里，中国主要农产品的产量都有了迅猛的增长，如粮食产量增长了33.6%，年均增长4.95%；棉花产量增长了188.8%，年均增长19.33%；油料产量增长了128.2%，年均增长14.75%；肉类产量增长了79.9%，年均增长10.28%。主要农产品产量如此迅猛的增长是与联产承包责任制的推行密切相关的。经验研究表明，1978—1984年间中国种植业部门42.2%的产出增长率大约有一半来自于改革所带来的生产率变化，而这种生产率变化又几乎全部归于实行家庭经营责任制所带来的变化。①

---

① 相关研究参见 McMillan, J., Whalley, J. and Zhu, L., 1989, "The Impact of China's Economic Reforms on Agricultural Productivity Growth", *Journal of Political Economy*, 97 (4): 781–807; Fan, Shenggen, 1991, "Effects of Technological Change and Institutional Reform on Production Growth in Chinese Agriculture", *American Journal of Agricultural Economics*, 73 (2): 265–75; Lin, Justin Yifu, 1992, "Rural Reforms and Agricultural Growth in China", *American Economic Review*, 82 (1): 34–51; Wen, Guanzhong James, 1993, "Total Factor Productivity Change in China's Farming Sector: 1952–1989", *Economic Development and Cultural Change*, 42 (1): 1–41; Huang, J. and Rozelle, S., 1996, "Technological Change: The Re-Discovery of the Engine of Productivity Growth in China's Rural Economy", *Journal of Development Economics*, 49 (2): 337–369。

（二）乡镇企业快速发展并适时转型

20世纪80年代开始，农业实行家庭承包经营和农产品价格调整所带来的剩余以及农业劳动生产率提高所析出的劳动力为乡镇企业提供了重要的资本来源和劳动力资源；同时传统计划配置体制的放松增大了处于计划外领域的乡镇企业获取主要原材料和进入市场的机会。在此背景下，乡镇企业快速发展起来。1981—1991年间，乡镇企业的数量、就业人数和总产值分别以年均26.6%、11.2%和29.6%的速度增长。乡镇企业总产值的年均增长率是同一时期国有企业总产值年均增长率的3倍。1993年，乡镇企业的产出占到工业总产出的38.1%。乡镇企业由此成为20世纪80年代至90年代初中国经济高速增长的重要推动力量，也成为一定时期内农业剩余劳动力转移的主要渠道，有论者因此将乡镇企业的出现作为中国改革所取得的最大成就之一。[1]

由于特定的历史背景，中国的乡镇企业特别是具有集体产权性质的乡镇企业（以苏南乡镇企业为代表）自产生以来，就同社区政府（乡镇政府）存在着较为密切的依存关系，特别是在乡镇企业建立的过程中，社区政府出面组织资金、土地、劳动力等初始的要素投入，并指派"能人"来担任企业负责人。有的学者将这种社区政府与地方企业合作管理的模式称为"地方政府公司主义（local state corporatism）"[2]；有的学者把中国的乡镇企业视为兼有地方行政组织和市场组织双重性质的"杂交组织形式（hybrid

---

[1] Sun, Laixiang, 1997, *Emergence of Unorthodox Ownership and Governance Structure in East Asia: An Alternative Transition Path*, Research for Action, No. 38, Helsinki: UNU/WIDER.

[2] Jean Oi, 1992, "Fiscal Reform and the Economic Foundations of Local State Corporatism in China", *World Politics*, Vol. 45, No. 1.

organizational form)",认为这种产权形式是一种从国家社会主义(state socialism)到市场经济的中间产权形式,是弱市场结构和市场转轨不完全的结果;① 也有的学者将中国的乡镇企业称为"界定模糊的合作企业(vaguely defined cooperatives)"或"社区组织"②。历史地看,乡镇企业这种独特的产权结构相对于传统国有企业的产权配置,确实具有更高的效率。有研究估算得到 1980—1992 年国有工业 TFP 年增长率为 2.5%,而集体工业(包括乡镇企业)的 TFP 年增长率为 7.15%。③ 乡镇企业集体产权的高效率,引起了国内外学者极大的研究兴趣。他们利用各种理论框架,包括不完全契约理论、机制设计理论、委托—代理理论等,从不同的角度进行了考察,特别是强调了其与转轨经济相适应的一面。④

如果说在市场不完全的条件下,乡镇企业这种"模糊产权"是有作用的或者说是应对转轨时期特殊体制环境的理性选择,那么,随着市场化的推进,模糊产权安排的优势逐渐丧失,其弊端愈发显现,突出表现在相关行为方的权利边界和风险承担区间不清以及激励和监督不足;同时,乡镇

---

① Victor Nee, 1992, "Organizational Dynamics of Market: Hybrid Forms, Property Rights, and Mixed Economy in China", *Administrative Science Quarterly*, Vol. 37, No. 1.

② Martin Weitzman and Chenggang Xu, 1994, "Chinese Township-village Enterprises as Vaguely Defined Cooperatives", *Journal of Comparative Economics*, 18, 121 – 145.

③ 谢千里、罗斯基、郑玉歆:《改革以来中国工业生产率变动趋势的估计及其可靠性分析》,《经济研究》1995 年第 12 期。

④ 参见 Barry Naughton, 1994, "Chinese Institutional Innovation and Privatization from Below", *American Economic Review*, Vol. 84, No. 2; Chun Chang and Yijiang Wang, 1994, "The Nature of the Township-village Enterprise", *Journal of Comparative Economics*, 19, 434 – 452; Andrew Walder, 1995, "Local Governments as Industrial Firms: An Organizational Analysis of China's Transitional Economy", *American Journal of Sociology*, 101 (2): 263 – 301;李稻葵:《转型经济中模糊产权理论》,《经济研究》1995 年第 4 期;田国强:《中国乡镇企业的产权结构及其改革》,《经济研究》1995 年第 3 期;Jiahua Che and Yingyi Qian, 1998, "Insecure Property Rights and Government Ownership of Firms", *Quarterly Journal of Economics*, 113 (2): 467 – 496。

企业倾向于社区内部配置资源的封闭属性也影响了要素的跨区流动和统一市场的形成。在此背景下，从20世纪90年代中后期开始，乡镇企业进行了较大范围的以明晰产权为重点的"第二次制度创新"。据农业部统计，到2006年，中国168万家乡镇企业中，95%实行了各种形式的产权制度改革，其中20万家转成了股份制和股份合作制企业，139万家转成了个体私营企业。这标志着乡镇集体企业这种特殊的组织形式过渡角色的转换完成，也从一个侧面生动体现了中国改革的渐进特点。

（三）尊重农民的改革首创精神

在中国过去30年的农村改革中，始终以尊重农民意愿、保护农民利益、调动农民积极性作为基本出发点。中共十一届三中全会通过的《关于加快农业发展若干问题的决定》所突出强调的尊重群众意愿的工作路线始终在农村改革的全过程中发挥着灵魂性的作用。以民为本，把农民的选择放在制定农村政策的优先考虑地位，把是否有利于生产力发展、综合国力提高和居民生活改善作为衡量农民选择正确与否的标准，这就使得广大农民群众的创造性在改革中得到了充分发挥。由于中国的领导层在农村改革之初就明确了对待农民的基本准则，即在经济上保障农民的物质利益，在政治上尊重农民的民主权利，因此，对于农村改革中的一些最基本的重大问题，如对经营主体、改革方向、制度建设的选择等，都是农民的创造在先，领导层对农民创造的总结、规范和推广在后，从而一步步地逐渐明确起来的。特别是农村改革中三个具有制度创新意义的重要成果，即以家庭承包经营为基础、统分结合的双层经营体制，乡镇企业的异军突起，农村基层的民主制度建设，都首先是农民群众的尝试和探索，之后由领导层对农民群众创造的经验加以总结和规范，并上升为理论、政策和制度。这表明，农民群众不但是农业和农村经济活动的主体，也是农村改革的主体。应该说，允许农民打破思想和体制的束缚，允许农民探索制度创新，是农村改革能够比较顺利进展的一大基本经验。①

总之，1979—1983年的四年间，可以说是中国农村的大变动时期，在此期间农业的经营形式由单一的集体经营变成统分结合的双层经营，农户的家庭经营成为农业生产的一个重要层次。农村改革极大地推动了农村生产力的迅速发展，也对整个经济体制改革产生了示范和带头作用。以1984年10月《中共中央关于经济体制改革的决定》为标志，中国经济体制改革的主战场开始由农村转向城市。

◇ 企业改革与非公经济发展

中国改革边际演进特色的一个突出表现，是对市场主体的培育。由于发展新经济成分比直接改造旧体制容易一些，而且非国有经济在体制上与国有经济有重大差异，更多体现了市场经济体制的要求，因此改革之初，中国没有首先对规模庞大的国有经济存量进行重大的调整，而是在国有部门之外，着力推动非国有经济的快速发展，然后通过竞争和示范效应，通过创造有利条件，通过不同所有制产权之间的开放和流转，反过来加速国有经济的改革，通过这种逐步推进的方式，把原来建立在计划经济基础上的国有企业逐步改造为适应社会主义市场经济体制要求的微观主体。

（一）非公经济发展

改革开放之初，一批个体经营者和私营企业主开始冲破阻力，在计划

---

① 关于这一经验的总结，参见陈锡文《中国农村的经济体制改革》，载王梦奎主编《中国经济转轨二十年》，外文出版社1999年版。

经济体制之外的夹缝中寻求生存与发展。他们勇于创新，敢于承担风险，大胆改革，艰苦创业，成为改革的先锋者。中国的领导层逐渐认识到个体私营经济所蕴涵的改革能量，逐步调整传统体制下对其的压制性政策，不断放松对其的限制，认可他们的存在和发展，并赋予其合法的地位；随着改革开放的不断深入，又不断创造环境和条件，鼓励其发展，为使其平等参与市场竞争进行了持续的探索。

改革开放以来中国关于非公有制经济的政策演变大体经历了四个阶段。

第一阶段，1978—1984年，主要是允许个体经济的存在和发展。1982年通过的《中华人民共和国宪法》规定"在法律规定范围内的城乡劳动者个体经济，是社会主义公有制经济的补充。国家保护个体经济的合法的权利和利益。国家通过行政管理，指导、帮助和监督个体经济"，个体经济由此获得了合法的地位。

专栏　个体经济破茧而出

改革伊始，中国面临着大批知青返城、城镇积压待业人员700万—800万的巨大压力。1979年2月，国家工商行政管理局召开了"文化大革命"结束后的第一次工商行政管理局长会议。会上提出要恢复和发展个体经济。会议向中共中央、国务院作出报告，提出"各地可以根据当地市场需要，在取得有关业务主管部门同意后批准一些有正式户口的闲散劳动力从事修理、服务和手工业者个体劳动，但不准雇工"。同年3月，经党中央、国务院的批准向各地转发了这个报告。这是党中央、国务院批准的第一个有关个体经济的报告。虽然这个报告作了种种限制，尤其是当时还不准雇工，但它公开为个体经济发展开了绿灯。也正是到这一年年底，全国个体从业人员发展到31万人，比1978年增长了一倍多。1980年8月，中共中央召开全国劳动就业会议，提出"在国家统筹规划和指导下，实行劳动部门介绍就业、自愿组织起来就业和自谋职业相结合的方针"。自谋职业指的就是个体劳动者，这使得全国城乡个体经济发展迅速，年底，从事个体经济的达到80.6万人，比上一年翻了一番多。1981年6月，中共十一届六中全会通过的《关于建国以来党的若干历史问题的决议》指出："国营经济和集体经济是我国基本的经济形式，一定范围内的劳动者个体经济是公有制经济的必要补充。"这是目前能够检索到的公开发表的中央文件中最早提到"必要补充"的文件。1981年10月，《中共中央、国务院关于广开门路、搞活经济，解决城镇就业问题的若干决定》发布。《决定》从发展生产力的基点出发，在经济体制方面着力清理"左倾"错误遗毒，为个体经济大力正名。《决定》提出，"个体劳动者，是我国社会主义的劳动者。他们的劳动，同国营、集体企业职工一样，都是建设社会主义所必需的，都是光荣的。对于他们的社会和政治地位，应与国营、集体企业职工一视同仁"。1981年底，全国城镇个体经济发展到183万户，从业人员227万人，又比1980年翻了一番多。

第二阶段，1984—1992年，主要是允许私营经济的存在和发展。1987年中共十三大提出"以公有制为主体发展多种所有制经济，以至允许私营经济的存在和发展，都是由社会主义初级阶段生产力的实际状况决定的。只有这样做，才能促进生产力的发展"，并指出"目前全民所有制以外的其他经济成分，不是发展得太多了，而是还很不够。对于城乡合作经济、个体经济和私营经济，都要继续鼓励它们发展"；在此基础上，1988年的《宪法修正案》规定"国家允许私营经济在法律规定的范围内存在和发展。私营经济是社会主义公有制经济的补充。国家保护私营经济的合法的权利和利益，对私营经济实行引导、监督和管理"，由此明确肯定了私营经济存在和发展的合法性。①

---

① 之后从1988年下半年开始，获得合法地位的私营经济一度因形势的变化而发展受阻。

第三阶段，1992—2002年，主要是逐步赋予非公有制经济平等参与市场竞争的地位，同时明确了各种非公有制经济在社会主义市场经济中的重要地位和作用。1992年中共十四大再次肯定了建立多种经济成分并存的所有制结构的必要性。1993年中共十四届三中全会通过的《关于建立社会主义市场经济体制若干问题的决定》明确提出"国家为各种所有制平等参与市场竞争创造条件，对各类企业一视同仁"。1997年中共十五大总结了过去20年在所有制改革方面的经验，指出"以公有制为主体、多种所有制经济共同发展，是我国社会主义初级阶段的一项基本经济制度"；"非公有制经济是社会主义市场经济的重要组成部分。对个体、私营等非公有制经济要继续鼓励、引导，使之健康发展"。这与传统社会主义理论把非公有制经济排除在社会主义经济制度之外的解释是根本不同的，它改变了只有公有制才是社会主义的传统思维，把多种所有制与社会主义性质融合在一起，把非公有制经济从社会主义经济制度之外纳入制度之内，从地位上的补充和作用上的拾遗补缺提升到重要组成部分和对国民经济发展具有重要作用。这是对传统社会主义所有制观念的一个重大突破。之后1999年通过的《宪法修正案》规定"国家在社会主义初级阶段，坚持公有制为主体、多种所有制经济共同发展的基本经济制度"，并规定"在法律规定范围内的个体经济、私营经济等非公有制经济，是社会主义市场经济的重要组成部分"，"国家保护个体经济、私营经济的合法的权利和利益"，这就标志着对非公有制经济的定位已由"体制外"转入"体制内"。

第四阶段，从2002年至今，主要是进一步改善非公有制经济的政策环境。2004年通过的《宪法修正案》从国家大法的角度强化了对非公有制经济的"鼓励"和"支持"。2005年发布的首个促进非公有制经济发展的政府文件——《关于鼓励支持和引导个体私营等非公有制经济发展的若干意见》，标志着对非公有制经济从分散的政策支持到形成政策体系框架的转变，特别是该文件着眼于创造公平竞争的体制环境，对非公有制经济进入一些重要领域包括垄断性行业作出了明确规定。2007年中共十七大提出：坚持平等保护物权，形成各种所有制经济平等竞争、相互促进新格局。法律上的"平等"保护和经济上的"平等"竞争这"两个平等"成为促进非公有制经济发展的重要着力点，进一步推动了实现非公有制经济在获得市场准入和融资方面的公平机会。在此基础上，2010年政府再次发布"关于鼓励和引导民间投资健康发展的若干意见"，进一步拓宽了民间投资的领域和范围，明确了为非公有制经济创造公平竞争、平等准入的市场环境。

应该看到，转轨时期，市场机制还处在发育过程中，投资环境还不稳定，市场性风险和政策性风险同时存在。要稳定投资预期，真正形成对投资者的激励，领导者必须克服有限承诺问题，用法律的手段保证其承诺的可信性。这就要求领导者尊重并执行契约，并在法律框架下约束其未来的行动，避免机会主义的事后要挟（hold-up）和对投资者利益的侵占，努力构筑良好的政治诚信记录。特别是领导者必须首先使投资者确信，个人产权将得到法律的承认和保护。中国的领导层注意到了这一点，对有关个人产权保护的法律法规不断加以完善：2004年通过的《宪法修正案》明确规定："公民的合法的私有财产不受侵犯"；2007年颁布实施的《物权法》又对保护私有财产作了详细规定，为投资者的产权保护奠定了坚实的法理基础。这就正向强化了转轨时期的投资激励，有利于动员和吸引社会投资。应该说，转轨期间中国非公有制经济的蓬勃发展与相对可信的投资政策性环境不无关系。

这种在国有经济外部率先寻求突破的"外线发展战略"极大地促进了非国有经济的发展，已经成为中国微观经济基础充满活力的一部分。根据国家工商总局有关全国市场主体发展情况的通报，截至2014年底，全国私营企业1546.37万户，注册资本（金）59.21万亿元；个体工商户4984.06万户，资金数额2.93万亿元。由此，非国有经济主要是非公有经济在国民经济中的比重明显上升。目前，非公有制经济创造的工业增加值已经占中国年工业增加值的约 1/2,贡献的就业量占全国城镇年新增就业量的 3/4 甚至更多,实现的外贸进出口总额占全国年外贸进出口总额的约 3/4,完成的城镇固定资产投资总额占全国城镇年固定资产投资总额的约 2/3,税收的贡献超过了 50%。非公有制经济由此成为国民经济的重要支撑力量。

非国有经济的大量兴起反过来对国有经济改革形成带动和促进作用,主要体现在两个方面:

首先,非国有经济的发展给国有经济的改革施加了外部压力。非国有企业的存在实际上是提供了某种标杆和监督评判的参照系,由于其运行真正受市场支配,效率普遍高于国有企业,这就带来了强大的竞争压力,促进了国有企业自身的改革。国有企业经营机制方面的几个重要改革措施,如实行利改税、推行承包经营责任制以及引入现代企业制度,一定程度上都来自于非国有企业竞争的压力。[1] 有论者认为,企业之间,特别是国有企业和非国有企业之间竞争的加剧激励了国有企业生产率的提高。[2]

其次,非国有经济的发展为国有经济的改革创造了有利条件。一方面,非国有企业的蓬勃兴起促进了经济的快速增长并增加了对财政的贡献,从而减轻了国有企业的财政压力;而且非国有企业迅猛扩张过程中创造了大量就业机会,为转移国有企业富余职工创造了条件。这些都有效地缓解和降低了国有企业改革过程中的利益矛盾和摩擦。另一方面,非国有经济灵活、有效的运行机制能够对国有经济产生"示范效应",便于引入国有经济改造的过程中,这也在某种程度上减少了国有经济向市场经济体制转轨的运作成本。

---

[1] 参见 Jefferson, G. and Rawski, T., 1995, *How Industrial Reform Worked in China: The Role of Innovation, Competition, and Property Rights*, Proceedings of the World Bank Annual Conference on Development Economics 1994, Washington, D.C.: World Bank, pp..129 – 56.

[2] Li, Wei, 1997, "The Impact of Economic Reform on the Performance of Chinese State Enterprises, 1980 – 89", *Journal of Political Economy*, 105 (5): 1080 – 1106.

在这种带动和促进下，中国国有企业和国有经济层面的改革不断深入。在此基础上，"多种所有制经济共同发展"的混合所有制经济格局开始形成。如果说这种混合所有制经济格局更多反映在社会层面，还是一种"板块式"平行发展格局的话，那么近年来中国也开始寻求细胞层面"胶体式"的混合所有格局。也就是打破国有经济封闭的产权结构，允许国内民间资本和外商资本参与国有企业改组改革，参与国有资本置换，使国有资本和各类非国有资本相互渗透和融合，由此，以股份制为主要形式的混合所有制经济逐渐发展起来。这不但标志着混合所有制经济形态得到拓展和深化，也表明公有制特别是国有制找到了与市场经济相结合的有效形式和途径。

（二）国有企业改革

国有企业改革是中国经济体制改革的中心环节。与农村微观经营制度改革的自发性质不同，国有企业经营制度的改革主要是由政府推动的。中国国有企业的改革历程，大体经历了三个阶段。

第一阶段，1978—1984 年，主要是放权让利阶段。1978 年四川（1979 年全国范围内）开始进行国有企业扩权的试点工作（当时的扩权主要是扩大财权）；1981 年各地又陆续实行以承包为主要内容的工业经济责任制；1983 年起，国有企业试行"利改税"第一步改革，1984 年转入"利改税"第二步改革。放权让利改革初步打破了计划包揽一切的体制，国有企业有了一定的生产自主权，同时在一定程度上引入了物质激励。

专栏　四川扩大企业自主权试点：一石激起千层浪

1978 年 10 月，四川选择了具有行业代表性的重庆钢铁公司、成都无缝钢管厂、宁江机床厂、四川化工厂、新都县氮肥厂和南充丝绸厂 6 家地方国有工业企业率先进行了"扩大企业自主权"试点。改革的主要内容，是逐户核定企业的利润指标,规定当年的增产增收目标,允许在年终完成计划以后提留少量利润,作为企业的基金,并允许给职工发放少量奖金。虽然只是微不足道的小小权利,却在当年第四季度计划的超额完成中收到了预想不到的效果,并显示出巨大的潜力。四川省的"扩大企业自主权"试点,成为国有企业改革乃至城市经济体制改革起步的标志。

1979年1月31日,中共四川省委发出《关于地方工业扩大企业权力,加快生产建设步伐的试点意见》,把试点的工业企业由6户扩大到100户,同时在40户国有商业企业中也进行了扩大经营管理自主权的试点。四川省扩权试点的主要做法是:在计划管理上,允许企业在国家计划之外,可以根据市场需要自行制定补充计划,对于国家计划中不适合市场需要的品种规格也可以修改。在物资管理上,除少数关系国计民生的产品、短线产品和炸药等危险产品仍由国家统购统配外,大部分生产资料可以进入市场,企业与企业之间可以不经过物资部门直接订立供货合同,也可以在市场上采购来满足自己的需要,企业也可以自销一部分产品。在国家与企业的利润分配上,在保证国家利益的前提下,企业可以根据自己经营的好坏分享一定的利润,并可用于企业的挖潜、革新改造、集体福利和职工的奖金。在劳动人事管理上,企业有权选择中层干部,招工择优录取和辞退职工。

紧接着,云南、北京等地也在国有企业中开始扩大自主权的改革试点工作。1979年底,试点企业扩大到4200个,1980年又发展到6000个,约占全国预算内工业企业数的16%,产值的60%,利润的70%。1980年9月2日,国务院批转国家经委《关于扩大企业自主权试点工作情况和今后意见的报告》,批转从1981年起,把扩大企业自主权的工作在国有工业企业中全面推开,使企业在人、财、物、产、供、销等方面,拥有更大的自主权。

第二阶段,1984—1992年,主要是两权分离阶段。1984年中共十二届三中全会通过的《关于经济体制改革的决定》明确提出了"所有权与经营权适当分开"的理论。此后三年,出现了以两权分离为重点的多种改革模式,租赁制、承包制、资产经营责任制等新的经营机制开始在各地推行,国有企业股份制改革也着手进行试点。与此同时,企业间的联合、兼并陆续展开,企业破产开始实施。国有企业改革由此形成一波小高潮。[①] 以承包制为主要内容的两权分离改革进一步提高了企业的经营自主权,建立起了更直接的利益激励机制。

第三阶段,1992 年至今,主要是由"政策调整"型改革逐步转入"制度创新"型改革阶段。无论是第一阶段的放权让利改革,还是第二阶段的两权分离改革,都是在传统体制框架下的改进,并没有改变国有企业的基本制度。由于只触及改革的表层,未能建立起有效的激励和约束机制,相应产生了较为严重的企业行为短期化和"内部人控制"问题,由此导致企业经营形势不断恶化,到 20 世纪 90 年代初,国有企业呈现出盈亏"三三制"的格局,即 1/3 亏损,1/3 虚盈实亏,只有 1/3 真正盈利。面对这一困局,国有企业改革亟需找寻新的出路。

1993 年中共十四届三中全会通过的《关于建立社会主义市场经济体制若干问题的决定》提出了国有企业改革的目标是建立"产权清晰、权责明确、政企分开、管理科学"的现代企业制度,促使企业真正成为适应市场的法人实体和竞争主体,这就确立了以产权制度改革和企业制度创新为基础的全新改革思路。依此目标,1994 年开始实施建立现代企业制度的试点,重点是企业公司制股份制改革,完善公司法人治理结构,包括完善企业法人财产制度,确定企业国有资产投资主体,企业改建为公司的组织形式以

---

① 在此之后的 1988 年下半年至 1991 年底,随着形势的变化,国有企业改革除了继续稳定承包经营责任制以外,进展趋缓,但出台了两个比较重要的文件:一是《全民所有制工业企业法》,确立了企业作为商品生产者和经营者的法律地位;二是《全民所有制工业企业转换经营机制条例》,促进了企业经营机制的转换。

及建立科学、规范的公司内部治理机构。1995年中共十四届五中全会进一步提出"着眼于搞好整个国有经济，调整国有经济布局和结构，抓好大的，放活小的，对国有企业实施战略性改组"。于是，在国有企业中着手引入现代企业制度的同时，国有经济层面的改革也开始推开，注重从战略上调整国有经济布局。2003年，中共十六届三中全会通过的《关于完善社会主义市场经济体制若干问题的决定》又提出建立"归属清晰、权责明确、保护严格、流转顺畅"的现代产权制度。按此构想，不仅在国有企业层面着手构建现代企业产权制度，并以现代产权制度为基础，发展混合所有制经济；同时还将建立现代产权制度延伸到国家层面，改革国有资产管理体制。综上，1992年以来国有企业的改革思路，就是逐步摆脱传统的依靠政策调整和利益再分配的模式，按照建立社会主义市场经济体制的目标要求，在深层次的制度层面寻求突破。

经过上述三阶段的改革，初步匡算，到目前为止，国有企业产权改革的实施面，小企业约为85%—90%，中型企业约为50%—60%，大型企业也占到一定比例。据国务院国资委统计，目前，中央企业及其子企业引入非公资本形成混合所有制企业，已经占到总企业户数的52%。截止到2012年底，中央企业及其子企业控股的上市公司共378家，上市公司中非国有股权的比例已经超过53%。地方国有企业控股的上市公司681户，上市公司非国有股权的比例已经超过60%。

◇◇ 双轨制与价格闯关

随着农村联产承包和企业"放权让利"等微观主体改革的深化，利益问题随之而来，价格矛盾越来越突出。面对严重扭曲的价格体系，如何把价格搞对（getting price right）成为经济体制改革迫切需要解决的问题。

（一）价格双轨制

价格改革之初，可供选择的思路有两种：一种是采取一步到位放开的方式，另一种是采取积极稳妥、分步到位的方式。中国的价格改革没有采取一步到位的方法，而是采取了"调放结合、先调后放、逐步放开"的方式，经历了一个由"双轨"到"单轨"的过程，也就是先在一段时间内实行计划内价格和计划外价格并行的"双轨制"，然后在条件成熟后并轨，实行单一的市场价格制度。这主要是基于以下几点考虑：①价格改革要和市场发育相适应，应避免过度超前。②价格改革要考虑不同产业和产品的特点，分别采取不同的改革策略。③价格改革要考虑政府的财政能力能否适应理顺各种比价关系的要求，要考虑政府是否具备足够的驾驭改革的能力，也要考虑企业和居民是否具备足够的对改革的承受能力。

国家定价和市场调节价格结合的"双轨制"一段时间内曾在工业生产资料价格方面表现得比较突出。这方面最具特征性的是工业生产资料价格双轨制的实行，因为在工业消费品方面，改革初期就从小商品开始逐步放开，实行双轨制价格的并不普遍，也不重要；而绝大多数农产品的购销价格也从20世纪80年代中期开始放开，余下少数几种国家定购的农产品尤其是粮食的价格双轨制则长期存在[1]，也不具有典型意义；但工业生产资料价格双轨制从1984年开始就迅速并大规模地推开，成为中国渐进式市场化价

---

[1] 粮食的价格双轨制实际上从1979年粮食收购实行"减购提价"起就开始了。到1982年，国家议购和农民直接出售给非农民的粮食，合计已占全社会粮食收购量的24.2%，其余为统购和超购，表明粮食价格双轨制初步形成。而真正意义上的粮食价格双轨制从1985年开始，当年取消了对粮食的统派购制度，实行粮食的合同定购制度，定购以外的粮食由农民和粮食部门协商制定价格，粮食价格进一步形成定购价格和议购价格的双轨体制。直到2004年，才全面放开粮食市场，实行粮食价格市场化。

格改革的成功范例。① 当时，同一城市、同种工业生产资料同时存在计划内、计划外两种价格，国家计划任务内的生产资料实行国家定价，超计划生产部分和按国家规定的比例允许企业自销部分实行市场调节价，目的是在减少价格扭曲、提供必要的激励和价格信号的同时，对价格水平保持一定的政府控制，以保障经济的稳定。随着国有企业计划外生产和非国有企业的扩展，生产资料由政府定价的部分不断减少，而由市场定价的部分逐步扩大，到20世纪90年代初期，基本实现了生产资料价格的并轨。

这种"双轨制"对于突破单一的国家固定价格具有一定作用。后来的实践表明，实行"双轨制"后，计划轨和市场轨的价差逐步拉开，而且市场调节价的比重逐渐扩大，并随着市场经济的深入发展，逐步与计划"并轨"，最终完成向市场形成价格机制的转变。关于中国的生产资料价格双轨制，国外学者曾给予较高的评价。波兰经济学家布鲁斯1985年在"巴山轮会议"② 上提出，生产资料实行双重价格是中国一个有用的发明，它可以作为一个桥梁，通过它可以比较平稳地从一种价格体系过渡到另一种价格体系。美国经济学家斯蒂格利茨则在20世纪90年代末撰文认为，在从一个严重扭曲的价格体系过渡到一个能较准确地反映经济资源稀缺程度的价格体系的过程中，中国采用了一个天才的解决办法：实行价格双轨制，使计划外部分能得到适当鼓励。③

---

① 当然，生产资料价格双轨制也在一定程度上导致市场秩序的混乱和寻租活动的猖獗。一些经验研究表明，如果双轨价差不那么大，双轨制的积极作用可以发挥得更好一些。

② 1985年9月2—7日，在从重庆到武汉的"巴山号"游轮上，召开了由中国社会科学院、中国经济体制改革研究会和世界银行共同组织的"宏观经济管理国际讨论会"，故被称为"巴山轮会议"。

③ 转引自张卓元《中国的价格改革》，载王梦奎主编《中国经济转轨二十年》，外文出版社1999年版。

专栏　莫干山会议：价格改革激辩

1984年前后中国的经济学家对价格改革的路径问题进行了非常集中的讨论，尤其是在1984年9月的"莫干山会议"上，价格改革的"双轨过渡"思路，即"价格双轨制"（dual-track pricing or dual-track approach）问题在一批年轻经济学者当中引起了激烈的讨论。

会议在价格改革问题上主张，一是以提高采掘工业品价格为中心，改革工业品价格体系；二是以解决农产品价格倒挂和补贴过多为中心，调整消费品价格和公用事业收费。但对于工业品价格如何改革，会上最初形成了两种思路："调放结合，以调为主"和"调放结合，先放后调"。这就是所谓的"调派"和"放派"。

国务院价格研究中心的田源等人提出了对严重扭曲的价格体系必须进行大步调整的建议，并进行了大量的测算和方案的比较。清华大学系统工程专业在职博士生周小川，中国社会科学院研究生院研究生楼继伟、李剑阁提出用小步快调的办法，不断校正价格体系，既减少价格改革过程的震动，又可以逐步逼近市场均衡价格。而以来自西北大学的研究生张维迎为代表的"放派"，则主张一步或分步放开价格控制，实行市场供求价格。

"调派"和"放派"双方争论激烈。主张"以调为主"的代表不赞成"以放为主"的观点，主要理由是：在计划经济为主的情况下，一下放开价格控制太不现实，同时市场发育也需要一个过程。在市场不完备时，市场均衡价既难以实现，也未必优化。而主张"以放为主"的代表则不赞成"以调为主"的观点，认为价格的问题在于现行的价格制度切断了供给与需求的关系，使价格不成其为价格，在这种价格体制下，价格调整不是解决问题的根本办法。在莫干山会议前后，价格改革的"调派"和"放派"都积极地发表文章阐释其观点。代表性的文章包括楼继伟和周小川1984年在《经济研究》上发表的《论我国价格体系改革方向及其有关的模型方法》,郭树青1985年发表在《中国社会科学院研究生院学报》上的《关于中国价格体制改革的目标模式》,以及张维迎1985年在《经济研究参考资料》上发表的《关于价格改革中以"放"为主的思路》等。

在"调派"和"放派"争论激烈之时,又出现了第三种意见:中国社科院研究生院研究生华生、何家成、张少杰、高梁和中国人民大学计统系研究生蒋跃等代表,经过分析讨论,吸纳和综合双方观点,形成并提出了"调改结合"的价格改革思路,主张应该自觉利用客观上已经形成的生产资料双轨价格,使计划价格和市场价格逐步靠拢。在这个过程中,逐步缩小生产资料计划统配的部分,逐步扩大市场自由调节的部分,最后达到两个价格统一。华生等人1985年在《经济研究》上发表了《论具有中国特色的价格改革道路》一文,再次论证了价格双轨制的思想形成。

(二) 价格闯关

为了在短期内迅速理顺价格体系,力促价格并轨,1988年5月30—6月1日,中共中央政治局会议决定对物价和工资制度进行改革"闯关",并责成国务院制订具体方案。随后,国务院物价委员会提出关于价格、工资改革的初步方案,认为物价改革这一关非过不可,要用五年左右的时间,初步理顺价格关系。在价格改革过程中,通过提高和调整工资、适当增加补贴,保证大多数职工实际生活水平不降低。这个初步方案经8月5—9日国务院常务会议讨论后,提交8月15—17日在北戴河召开的中共中央政治局会议讨论,会议通过了五年理顺价格方案。8月19日,《人民日报》发表中央政治局会议的公报,公布了价格改革方案的基本内容。此举导致了民众对物价上涨的恐慌心理,社会上出现大规模抢购商品和大量提取储蓄存款的风潮。① 随着这股恐慌风潮在全国愈演愈烈，8月27日，中共中央召开紧急会议，调整对策，暂停物价改革方案。8月30日，国务院发布通知，下半年不再出台新的调价措施，下一年的价格改革也是走小步。这一"急刹车"式的决定，实际上为这次价格改革闯关画上了句号。

此次价格闯关的失败，在很大程度上与改革的时机不适合有关。从当时的宏观形势看，进入1988年，物价上涨率逐月加快。2月即超过两位数，为11.2%，3—5月分别为11.6%、12.6%和14.7%。特别是在中共中央政治局会议通过价格和工资改革方案之前，单项的价格改革措施已经陆续出台，如5—7月放开了猪肉、大路菜、鲜蛋和白糖4种主要副食品零售价格，又放开了名烟、名酒的价格。这些措施集中出台后，物价进一步加速上升，6月达到16.5%，7月上升到19.3%。在通货膨胀压力如此之大的情况下推出"一步到位"的价格闯关这种激进的价格改革方案，人们的通货膨胀预期很快形成②，由此加大了改革的难度。

事实上，在通货膨胀的条件下能否进行价格的结构性调整，当时在经济学界是有争议的。一些学者坚持认为通货膨胀在当时对中国经济不构成重大威胁。1988年4月，有观点提出"如果以保持经济增长为放在首位的宏观控制目标，则一定程度的通货膨胀也不一定是坏事"。"今后三年，国家的宏观政策应以稳定物价为目标的需求政策，向以保持经济增长和结构调整为目标的供给政策转移。财政、金融非但不宜双双紧缩，而且应当保

---

① 据统计，1988年8月，全国商品零售额同比增长了38.6%，主要商品零售量同比增长率分别为：棉布46.7%，呢绒53%，绸缎40%，棉毛衫裤92%，卫生衫裤74%，毛线70%，彩色电视机40%，黑白电视机64%，洗衣机160%，电冰箱100%，电风扇68%，录音机71%，自行车52%，缝纫机58%。与此同时，1988年8月城乡储蓄不仅没有增加，反而减少26.8亿元（参见武力《价格改革"闯关"及其受挫》，国史网2010年1月26日）。

② 需要关注的是，1988年5月，中国人民银行首次发行100元面值的人民币。在物价大幅度上涨的情况下发行大面额的货币，也在某种程度上加剧了通货膨胀预期。

持适度的扩张。"① 7月1日，《人民日报》刊登学者支持放开价格的文章，题目是《过关有风险，关后是平川》。

但大多数学者认为价格改革必须有比较宽松的环境，否则风险太大，容易造成工资和物价螺旋上升，甚至出现剧烈的社会震荡。比如，有观点认为实行通货膨胀政策，既不利于经济的持续健康的增长，也不利于经济改革的顺利推进，更不可能达到价格改革"闯关"的目的。② 部分经济学家根据当时的宏观经济形势，提出了"先治理，再闯关"的主张，主要依据是：①1987年第四季度从农产品开始的涨价风，正向其他领域扩散；②交通、生产资料供应的"瓶颈制约"日趋严重；③各地零星抢购已经发生，正在此伏彼起地蔓延开来；④4月的储蓄出现了负增长，表明通货膨胀预期正在形成。③ 中国社会科学院经济学科片课题组也提出了"稳中求进"的改革思路。针对当时部分学者主张"改革和发展都要快速推进、用适度通货膨胀来支撑经济的超高速发展"的论点，中国社会科学院的学者认为，应先用三年时间（1988—1990）治理经济环境，主要是治理通货膨胀，紧缩财政与信贷，稳定经济，在宏观经济比例重新协调后，改革再大步展开。④

总结这次价格闯关的经验教训，突出的一点就是"稳定是改革的基本前提"。也就是说，改革需要有稳定的政治和社会环境以及宽松的经济环境作为保证。在推出重大改革措施时，需要综合考虑其对社会各方面的影响，注意把握好改革措施的出台时机、推进力度以及协调配套，使改革力度与社会可承受的程度相适应。对实施条件尚不成熟的改革措施，不贸然"闯

---

① 参见《人民日报》1988年4月8日第4版。
② 参见《薛暮桥回忆录》，天津人民出版社1996年版；刘国光：《正视通货膨胀问题》，《经济日报》1988年4月5日。
③ 转引自吴敬琏《当代中国经济改革教程》，上海远东出版社2010年版。
④ 参见中国社会科学院经济体制改革纲要课题组《双向协同稳中求进——中国经济体制中期（1988~1995）改革纲要》，载刘国光等《80年代中国经济体制改革与发展》，经济管理出版社1991年版。

关",而是积极创造条件,待条件成熟时再相机出台。正如邓小平1988年9月在谈到改革问题时所说:速度快本来是好事,但太快也带来麻烦。通货膨胀主要是管理不严造成的,我们缺乏经验。物价改革以前就有通货膨胀问题,主要是总供给和总需求的关系处理得不够妥善。现在需要总结经验,继续前进,控制总需求的增长,控制发展速度。我们的胆子够大了,现在需要稳。十亿人口的大国,应力求稳定。走一步,总结一下经验,有错误就改,不要使小错误变成大错误,这是我们遵循的原则。①

经过30多年的改革实践,我们可以清楚地看到,渐进式这种"分治""序贯"的"增量改革"战略,在保证原有利益格局不受到根本性和急剧性冲击的前提下,使市场制度能够以"边际演进"的方式获得生长,最终使"市场逃出计划"。在这一过程中,市场的力量和益处通过"涓滴"效应和"墨渍"效应逐渐在传统体制内渗透和扩散开去,从而为最终向社会主义市场经济的全面转型创造水到渠成的条件。

当然,渐进式改革方式也导致新旧两种体制相持的时间相对长一些,而且会产生一些新的矛盾。首先,由于改革是渐次推进的,这就给旧体制以足够的时间来与新体制抗衡,双方在摩擦和较量的过程中,旧体制(特别是其中最顽固的那一部分)有可能会牵制或者侵蚀新体制,从而迫使改革进入胶着和凝滞状态,增大改革的难度。其次,由于采取边际演进的累积性的步骤,导致两种体制并存、僵持的时间比较长,这就为在两种体制之间"套利"提供了可能,那些可以从套利中得到好处的既得利益者可能会与传统体制的既得利益者一道,成为抵制改革进一步向纵深推进的力量,这也将增大改革的难度。因此,如何在整体推进的过程中选择适当的时机以及关键的领域和环节实施有重点的"突变",是渐进式改革方略必须要应对的命题。

---

① 参见"邓小平思想年谱·1988年",http://cpc.people.com.cn/GB/69112/69113/69683/4723408.html。

第 三 章

改革的整体推进

　　1992年10月的中共十四大明确了建立社会主义市场经济的改革目标，经过一年多的研讨和准备，1993年11月的十四届三中全会通过了《关于建立社会主义市场经济若干问题的决定"50条"》的行动纲领，决定一改过去"整体渐进、阶段突破"的改革战略，提出了"整体推进，重点突破"的新方针。50条《决定》选择财税体制、银行体制、外汇管理体制、国有企业体制、社会保障体制五个重点方面进行配套改革，使市场经济制度的框架得以形成。

　　从20世纪70年代末市场化取向改革的发端，到20世纪90年代初朝向建立社会主义市场经济体制的整体改革推进，中国经济改革迈出了更加坚定、更为有力的步伐。

◇计划还是市场？

　　从1978年确定改革的方针直到1992年中共十四大报告明确经济体制改革的目标是社会主义市场经济体制，中国在理论和实践两个方面的探索上就一直贯穿着"是计划还是市场"的选择问题。

　　早在1979—1981年期间，在解放思想、实事求是思想路线的鼓舞下，经济理论界的思想就活跃起来，就计划与市场的关系问题展开了研究和讨论。许多经济学家在总结过去的经验教训时，批判了企图消灭货币关系的"左"倾观点，主张经济生活中应更多地发挥价值规律的作用。例如，孙冶方重新提出"千规律，万规律，价值规律第一条"；薛暮桥提出要学会利用价值规律、利用市场调节的作用等。①1979年4月，在中国社会科学院经济研究所、国家计委经济研究所、江苏省哲学社会科学研究所的联合发起下，于江苏省无锡市召开了全国第二次经济理论研讨会，即著名的"社会主义经济中价值规律作用问题讨论会"。与会人士在社会主义经济是商品经济、生产资料也是商品、价值规律在社会主义经济中仍然发挥作用、竞争是社会主义经济的内在机制等方面达成了基本共识，肯定了商品、价值和价值规律以及竞争机制在社会主义经济中的地位，并提出了计划调节与市场调节相结合的观点。②随后，理论界又进一步肯定了市场调节在社会主义经济中的地位，认为市场调节是一种经济调节手段，和资本主义没有必然的联系，可用来为社会主义经济服务。

1982年中共十二大报告正式提出"计划经济为主、市场调节为辅"的改革原则，决定对传统集中的计划经济体制进行改革，允许对部分产品的生产和流通不作计划，由市场来调节。这就打破了长期以来将计划与市场视为水火不相容的传统认识和计划经济的绝对垄断地位。但"计划经济为主、市场调节为辅"的提法实际上仍是将计划经济作为社会主义经济的本质特征，强调计划手段的作用，认为市场机制仅仅具有"补充"的作用。

在社会主义市场经济理论的探索过程中，真正具有突破意义的还是1984年关于市场调节与计划体制相容性问题的理论发展。这一年，中共十二届三中全会通过《中共中央关于经济体制改革的决定》这一指导经济体制改革的纲领性文件，确认中国的社会主义经济是公有制基础上的"有计

---

① 参见张卓元《论争与发展：中国经济理论50年》，云南人民出版社1999年版。
② 参见《经济研究》编辑部编《社会主义经济中价值规律问题讨论专辑》，1979年。

划的商品经济",强调商品经济的充分发展是社会主义发展不可逾越的阶段,是实现中国经济现代化的必要条件;强调要按经济规律尤其是价值规律办事,充分运用市场机制发展社会主义经济。"有计划商品经济"理论的提出,打破了将计划经济与商品经济对立起来的传统观点,标志着作为市场经济主要规律之一的价值规律在经济生活中正式得到确立。这在社会主义经济理论上实现了一次重大突破,也是对经济体制改革目标探索中的一个重大理论突破。邓小平同志对《中共中央关于经济体制改革的决定》给予很高的评价,他指出:这个决定,是马克思主义的基本原理和中国社会主义实践相结合的政治经济学。[①]

在"有计划的商品经济"理论提出后,理论界围绕与之相适应的经济运行机制问题展开了探索。1987年中共十三大强调了社会主义有计划商品经济中计划与市场的内在统一性,进一步提出在社会主义有计划商品经济中,"国家调节市场,市场引导企业"[②]的新型经济运行机制。这就进一步提高了市场机制在中国经济生活中的地位。

之后,理论界就计划和市场孰为基本机制问题展开了热烈的讨论。越来越多的理论工作者开始越过单纯将市场机制作为一种辅助手段的认识,认为市场机制是社会主义经济内在的运行机制,社会主义经济不能离开市场和价值规律的作用,市场的作用范围是覆盖全社会的,而不仅是作为计划机制的补充而存在。

1992年邓小平在视察南方的谈话中进一步阐述了他对计划和市场问题的看法,认为"计划多一点还是市场多一点,不是社会主义与资本主义的本质区别。计划经济不等于社会主义,资本主义也有计划;市场经济不等

---

① 《邓小平年谱》,中央文献出版社2004年版,第1006页。
② 这一提法最初是在1986年10月国家计委召开的"全国宏观经济管理问题讨论会"上,由桂世镛、王积业和李成瑞等提出的。

于资本主义，社会主义也有市场。计划和市场都是经济手段"。[①] 这就精辟回答了长期束缚人们思想的重大认识问题，最终解决了关于市场经济并非资本主义专有属性这一根本问题，使多年来关于计划与市场问题的论争摆脱了意识形态的束缚，为中共十四大确立社会主义市场经济体制的目标模式扫清了理论上的障碍。

◇ 社会主义与市场经济的有机结合

社会主义市场经济体制的实质和核心内容，就是要使市场在社会主义国家宏观调控下对资源配置起决定性作用，使经济活动遵循价值规律的要求，适应供求关系的变化；通过价格杠杆和竞争机制的功能，把资源配置到效益较好的环节中去，并给企业以压力和动力，实现优胜劣汰；运用市场对各种经济信号反应比较灵敏的优点，促进生产和需求的及时协调。

社会主义市场经济体制是社会主义基本制度与市场经济的有机结合和兼容。一方面它体现了社会主义的制度特征，另一方面它又具有现代市场经济的一般特征。社会主义的制度特征主要表现在：①在所有制结构上，以公有制为主体，多种所有制经济共同发展；②在分配制度上，以按劳分配为主体、多种分配方式并存；在分配原则上，既鼓励一部分人通过诚实劳动、合法经营先富起来，合理拉开收入差距，促进效率，又注重公平，防止收入悬殊，最终达到共同富裕的目标。现代市场经济的一般特征主要表现在：①从资源配置方式看，以市场作为决定性的手段；②从经济运行机制看，注重发挥价格、供求、竞争的作用；③从微观层面看，企业是独

---

① 《邓小平文选》第 3 卷，人民出版社 1993 年版，第 373 页。

立的市场主体和法人实体；④从宏观层面看，需要政府运用经济、法律等手段对经济活动进行必要的调节。把社会主义的制度特征同市场经济的一般特征结合起来，既可以充分发挥社会主义制度的优越性，又可以充分利用市场经济对发展生产力的促进作用。

以建立社会主义市场经济体制为目标，主要是基于现代市场经济优于传统计划经济体制的三个基本方面。

一是市场经济具有强大的激励功能。趋利避害的动机是推动经济运行的原始动力。传统计划经济设想"整个社会是一个大工厂"，它抹煞了个体的物质利益，排斥市场机制在经济运行中的基础性调节作用，企业只能被动地按照国家指令从事生产和经营，从而难以产生激励功能。而在市场经济条件下，市场主体对物质利益的追求与价格机制和竞争机制的作用有机地结合在一起，能产生出极大的激励作用。在这种激励作用下，整个社会的能量将被充分激发出来。

二是市场经济具有信息高效传导的功能。信息是经济活动赖以存在的条件之一，信息的显著特征是它的可传递性和可分享性。但在计划经济条件下，信息是靠计划机关的指令纵向传递的，因此，传递环节多，信息反馈慢，信息成本高，信息扭曲和失真严重。而在市场经济中，信息主要是在各个经济主体之间横向传递的，因此信息传递的通道非常广阔，传递的距离相对较短。同时，在市场经济条件下，价格是市场活动的"晴雨表"，企业只需掌握与自己有关的价格等信息就能进行决策，信息需要量远不像计划经济中那么庞大复杂。这就决定了市场经济中信息传递的速度比较快，即时性强，信息成本低，信息的失真程度也较低。

三是市场经济具有促进生产要素流动的功能。在计划经济条件下，生产要素具有明显的凝滞性，不能根据经济的实际需要自由地流动。在这种刚性结构下，需要互补的要素不能自由地互补，需要互换的要素不能自由地互换，从而使名义的生产要素总量与实际发挥作用的生产要素总量之间存在着相当大的差距。而在市场经济条件下，在市场主体的逐利动机推动和竞争压力的驱使下，生产要素不断地在企业之间、部门之间和地区之间流动，这样，社会需求的缺口就会有人填补，社会闲置的资源就会有人利用，从而不断地实现资源配置的优化，使资源不断地在效率最高的水平上得到利用。

◇改革的整体推进

社会主义市场经济体制目标模式的确立肯定了市场在政府宏观调控下对资源配置的决定性作用，进一步放大了市场机制的作用空间。在此基础上，市场化改革在微观经济基础、市场体系、政府管理、收入分配制度以及社会保障制度等方面整体推进，在前期所有制结构改革、国有企业改革、农村改革以及价格改革的基础上，改革内容又有了延伸和拓展；并且突出了不同领域改革之间的协同配套和系统性安排。

（一）从发展商品市场到发展要素市场

1. 资金要素市场化改革

首先是资本市场发展。自1981年恢复发行国库券和1988年允许居民持有的国库券进行流通以来，中国的资本市场从单一的政府债券发行市场，发展到以股票、债券为主体的多种证券形式并存、集中交易与场外分散交易相协调的全国性资本市场体系，并且随着2004年中小企业板市场、2009年创业板市场、2013年全国中小企业股份转让系统（"新三板市场"）这一全国性场外市场以及各种区域性股权交易市场（又称"第四板市场"）的设立，多层次的资本市场体系也初具雏形。以股票市场为例，自1990年和

1991年上交所和深交所相继成立以来，股票市场规模不断扩大。境内上市公司（A、B股）的数量从1992年的53家增加到2014年11月底的2613家，股票市价总值也由1084亿元增加到37.3万亿元。特别是自2005年5月开始，上市公司进行了股权分置改革，截至2007年底，沪、深两市共有1298家上市公司完成或已进入股改程序，占应改革上市公司的98%，使股票市场进入全新发展阶段。

其次是利率市场化。20世纪90年代中期以来，中国按照先将货币市场利率和债券市场利率市场化，再逐步推进存、贷款利率市场化的思路，稳步推进资金价格—利率—形成机制的市场化改革进程。目前来看，货币市场利率（银行同业拆借、贴现、转贴现等）、债券市场利率（国债、金融债和企业债等）、外币市场利率均已基本实现市场化。贷款利率在2012年年中先后两次放宽浮动区间的基础上，又于2013年7月取消金融机构除商业性个人住房贷款以外的贷款利率0.7倍的下限，贷款利率管制全面放开，金融机构的自主定价空间进一步扩大。存款利率实行上限管理，但借助信托理财、协议存款、财政存款招标等替代方式也已达到部分放开的效果，特别是2012年年中允许存款利率上浮至基准利率的1.1倍，是改革存款利率上限管理的突破性尝试；2014年11月，又将金融机构存款利率浮动区间的上限由基准利率的1.1倍调整为1.2倍。

最后是汇率市场化。1981年初，汇率领域引入双轨制，实行贸易内部结算价与官方牌价双重汇率并存，希望通过实施内部结算价来部分矫正长期高估的汇率水平。1985年之后，随着外汇留成比例的不断提高，同时外汇调剂中心在各地普遍成立，官方汇率与外汇调剂市场汇率并存的局面形成。实行这种汇率双轨制，是让市场汇率（调剂汇率）随着市场外汇供求状况浮动，在此基础上通过调剂汇率对官方汇率进行引导，加大市场力量对人民币汇率形成的影响力。到1993年底，80%的外汇通过外汇调剂中心来配置。1994年1月1日起，外汇管理制度发生重大变化：取消了外汇留成和上缴,实行银行结售汇制,建立了全国统一的银行间外汇市场,并实现了官方汇率与外汇调剂市场汇率的并轨,实行以市场供求为基础的、单一的、有管理的浮动汇率制度,由此初步奠定了市场对外汇资源配置的主导性地位。

2. 劳动力要素市场化改革

改革开放以来,伴随着所有制结构的调整尤其是非公有制经济的迅猛发展,企业劳动用工制度的改革以及农业剩余劳动力流动就业障碍的逐步减少,中国的劳动力市场得以快速发展。特别是传统计划经济体制下城乡人口完全隔绝、禁止迁移与流动的格局被彻底打破,农业剩余劳动力异地就业和非户籍迁移的政策环境逐渐趋于宽松。20世纪90年代之后,农民外出就业者以每年几百万人的规模迅速增加,外出务工已成为农业剩余劳动力转移的主要渠道(在农村居民人均纯收入构成中,工资性收入占比已经从1990年的20.2%提高到2013年的43.5%,上升了23.3个百分点)。据估计,目前农民工已经占到产业工人总数的1/3以上。目前来看,尽管仍存在着户籍制度的障碍特别是户籍身份上所附着的福利差异问题,但不可否认的是,中国城乡劳动力市场一体化的程度是在不断加深的。

在这一过程中,劳动力价格的市场化程度不断提高。改革伊始,就着手打破劳动力资源行政统一配置的格局,逐步扩大市场配置劳动力资源的范围。一方面,在传统体制之外成长起来的非国有经济特别是非公有制经济中,劳动力资源从一开始就主要是通过市场来配置的,劳动力价格(工资)也主要由劳动力市场供求状况决定,并成为国有部门工资标准的重要参考依据。另一方面,在国有经济内部,从1980年开始进行劳动合同制的试点,到1986年《国营企业实行劳动合同制暂行规定》出台,对劳动力就业的增量部分一律采用劳动合同制,形成劳动力资源配置的双轨制。1995年以后,随着《劳动法》及其相关配套法规的出台,国有经济内部开始推行全员劳动合同制，由此基本实现了劳动力资源配置方式的并轨，劳动力供求双方在劳动合同基础上进行双向自主选择；合同制员工的工资也不再由政府进行指令性控制，而是在政府工资指导政策下由企业和劳动者双方自主决定。

3. 土地要素市场化改革

首先是恢复土地资源的商品属性，推行土地有偿使用制度。1986年出台的《土地管理法》规定了行政划拨和有偿出让两种形式并行的土地使用模式。其次是逐步引入土地使用权公开交易制度，建立土地价格的市场化形成机制。1987年首次引入国有土地使用权招标拍卖制度，1990年发布的《城镇国有土地使用权出让和转让暂行条例》规定土地使用权出让和转让可以采用协议、招标和拍卖三种方式。20世纪90年代中后期开始，政府加快推动土地要素的市场化配置进程，逐步扩大市场形成土地价格的范围。1999年在广东、浙江、江苏三省建立国有土地招标拍卖挂牌制度，2002年施行《招标拍卖挂牌出让国有土地使用权规定》，2004年《关于继续开展经营性土地使用权招标拍卖挂牌出让情况执法监察工作的通知》中明确"所有经营性用地必须以招拍挂方式出让"，在全国范围内确立了国有经营性用地招拍挂制度，2006年首次把工业用地纳入招拍挂范围。从无价到有价，从划拨、协议出让等非市场化价格形成到公开招标、拍卖等市场化价格形成，应该说土地资源价格改革是在不断深化的。招拍挂出让土地面积占全部出让土地面积的比例不断提高，2013年通过招拍挂出让土地面积占全部出让国有建设用地面积的比例达到92.3%。此外在农村，20世纪90年代后期土地使用权开始流转，农民在实践中创造了转包、转让、租赁（包括反租倒包）、置换及土地入股等多种流转方式，农村土地使用权流转市场也在探索建立中，承包地所有权、承包权和经营权"三权分离"的制度安排逐渐确立起来。根据农业部数据，截至

2014年6月底，全国家庭承包经营耕地流转面积3.8亿亩，占家庭承包耕地总面积的28.8%。

（二）从微观改革到宏观改革

在微观层面改革取得初步进展后，宏观层面的约束突出出来，主要表现为各种宏观信号失真，市场化程度提高的微观主体无法做出合理的反应，加速推进宏观改革由此提上日程。于是，改革主要着眼于矫正宏观信号的扭曲，使宏观政策环境与市场配置资源的机制和微观经营制度的改革相协调。宏观层面上的另一改革重点是政府宏观经济管理体制的改革。其中的一个重要进展是自确立社会主义市场经济体制目标以来，在建立健全宏观调控体系方面作了大量探索，实现了从直接管理向以间接管理为主的转变，以经济杠杆为主要管理手段的宏观调控体系基本建立。

1. 财税体制改革

中国的财税体制改革，过去30多年主要在三个领域展开：一是中央和地方政府间财政分配关系改革；二是税制改革；三是预算制度改革。其中，政府间财政关系的改革是核心领域，围绕这一改革，大体经历了三个阶段。

第一阶段，始自20世纪80年代初，从中央对地方的放权让利入手，实施中央与地方"分灶吃饭"的财政包干制。即事先确定中央和地方各自的预算收支范围，以及地方预算收支包干基数，地方依照基数收支包干，在划定的范围内，自求平衡。财政分权式改革调动了地方上组织财政收入和增加财政收入来源（发展经济）的积极性，但也导致"两个比重"下降，即国家财政收入占国内生产总值的比重下降以及中央财政收入占全国财政收入的比重下降，进而使国家财政职能因缺乏必要的财力基础而趋于弱化，特别是导致中央政府对整个国民经济发展的调控能力大为减弱，形成诸侯经济。

第二阶段，按照建立社会主义市场经济体制的改革目标，1994年改革取得重大突破，在中央和地方财政之间实行分税制改革。也就是按照中央与地方政府的事权，确定各级财政的支出范围；根据事权与财权相结合的原则，按照税种统一划分中央税、地方税和中央地方共享税，并建立中央和地方两套税收征管机构；以1993年地方收入为基数核定对地方的税收返还数额，并逐年递增。同时，建立了比较正式的中央对地方的转移支付制度。1994年的财政体制改革，在按照社会主义市场经济体制目标要求构建财税体制框架方面迈出了关键性的一步，使政府整体财力特别是中央财政能力得到加强。但也暴露出一些问题，突出表现在以下三个方面：第一，对地方政府而言，存在着财权上移而事权下移的倾向，中央与地方财权和事权划分不对称的问题逐渐凸显。第二，本应进入各级政府事权范围的公共服务职能弱化，基本公共服务供给不足。第三，中央财政转移支付的规则不明确，政策制定主观性强。

第三阶段，20世纪90年代末开始，探索实行以逐步实现基本公共服务均等化为目标的公共财政体制改革。围绕这一改革，逐步增加了义务教育、公共卫生和基本医疗、基本社会保障等基本公共服务领域的支出比重；同时加快了公共财政覆盖农村的进程，如农村义务教育全部纳入公共财政保障范围，社会保障范围也进一步由城镇向农村延伸。由于各级政府的事权划分标准进一步明确为满足公共需要，因此公共财政取向的改革也可以看作是分税制改革的进一步深化。

除上述财政体制改革外还有两方面改革：①在税制改革方面，1994年以公平税负和简化税制为核心，建立了以增值税为主体、消费税和营业税为补充的流转税制度；近年来又在研究税制的进一步改革，包括增值税从生产型向消费型的转变以及增值税扩围改革，统一内、外资企业所得税，完善资源税和实施成品油税费改革，推行物业税试点等。②在预算制度改革方面，推行了部门预算改革、国库集中支付制度改革、政府采购制度改革、收支两条线管理制度改革；同时尝试建立由政府公共预算、政府性基金预算、国有资本经营预算和社会保障预算构成的复式预算制度。

2. 金融体制改革

金融体制改革涉及金融组织体系改革、金融市场体系改革、政府金融宏观调控体制改革（事实上，与政府职能有关的还包括金融监管体制改革和国有金融资产管理体制改革）。仅就金融宏观调控体制改革而言，社会主义市场经济体制目标确立后，按照建立并完善金融间接调控的思路主要在三个层面上进行。

在调控主体方面，首先明确了中国人民银行作为中央银行实施金融宏观调控的地位和职责；之后为增强央行执行货币政策的权威性，1998年对中国人民银行管理体制进行改革，由省级分行设置转变为大区行设置；同时为使央行专注于货币政策的执行，也为提高中国人民银行的独立性，先后于1992年、1998年和2003年将证券业监管职能、保险业监管职能以及银行业监管职能从中国人民银行的职能中剥离出来，由此实现了货币政策与金融监管特别是银行监管职能的分离。

在调控客体方面，实行政策性金融与商业性金融分离，组建政策性银行，将原各专业银行转变为国有商业银行，同时逐步发展股份制和区域性商业银行以及各种非银行金融机构。近年来，进一步深化国有独资商业银行改革，工、农、中、建四大国有商业银行均已完成股份制改造；同时推进政策性银行改革，国家开发银行成为首家由政策性银行转型而来的商业银行。此外还进一步推动金融组织创新，发展新型农村金融机构和小额贷款公司，互联网金融这一新的金融组织形态和金融业务模式也在不断发展。

在调控方式方面，从主要依靠信贷规模管理，转变为运用存款准备金率、中央银行再贷款利率和公开市场业务等货币政策工具；为完善市场化的金融调控方式，1998年取消了对国有商业银行贷款规模的限额控制，还将各金融机构在中央银行的法定存款准备金账户和备付金账户统一合并为准备金存款账户；为丰富货币政策工具，发行了中央银行票据，以对冲外汇占款增长带来的基础货币投放，形成具有中国特色的公开市场业务操作框架；央行还创设定向调控货币政策工具，包括2013年初推出公开市场短期流动性调节工具（Short-term Liquidity Operations，SLO）和常备借贷便利（Standing Lending Facility，SLF）两项短端利率调控工具，作为对公开市场常规操作的必要补充，以及2014年年中探索抵押补充贷款（Pledged Supplementary Lending，PSL）这一引导中期利率的调控工具。

通过上述改革，一个符合社会主义市场经济体制要求的金融调控体制框架基本形成。

（三）从主要关注效率到更加注重公平

公平与效率的关系问题是经济理论研究的核心命题，也是改革实践中必须面对的焦点问题。改革开放以来，中国对于公平与效率关系的理论认识不断深化，处理两者关系的原则也是随着实践的发展而不断调整。

第一阶段，着眼于克服平均主义的弊端，坚持"效率优先，兼顾公平"。

中国传统体制在公平与效率问题上的偏差，是过分强调了公平，而忽视了效率；而且，对公平的理解也偏于狭隘，过于强调收入分配结果上的平均主义。根据世界银行的估计，1980年中国城镇居民内部的基尼系数为0.16[1]，表明收入分配高度平均。这种过于平均的收入分配体制实质上抹杀了个体之间的差异性，造成了各种生产要素（当时主要是劳动要素）的贡

---

[1] 转引自张卓元主编《论争与发展：中国经济理论50年》，云南人民出版1999年版。

献与报酬之间的不对等，因此也是不公平的。这种不公平反过来又在一定程度上导致经济体缺乏应有的活力和动力，效率普遍低下。

基于传统体制下平均主义严重影响效率提高的这一弊端，中国开始对公平与效率的关系进行理论上的反思。中共十二届三中全会通过的《关于经济体制改革的决定》，集中对长期以来在平均主义与同步富裕上的理论误区以及"先富"与"共富"的内在逻辑做了科学的分析，《决定》提出："社会主义要保证社会成员物质、文化生活水平的逐步提高，达到共同富裕的目标。但是，共同富裕绝不等于也不可能等于完全平均，绝不等于也不可能是所有社会成员在同一时间内以同等速度富裕起来。如果把共同富裕理解为完全平均和同步富裕，不但做不到，而且势必导致共同贫穷。只有允许和鼓励一部分地区、一部分企业和一部分人依靠勤奋劳动先富起来，才能对大多数人产生强烈的吸引和鼓舞作用。并带动越来越多的人一浪接一浪地走向富裕。"

在上述思想解放的推动上，着眼于克服平均主义和"大锅饭"的弊端，在处理公平与效率关系时开始体现这样的原则，即把提高效率和要素供给者特别是劳动者的努力程度放在优先地位，努力实现生产要素（改革之初主要强调的是劳动要素，随着改革开放的深入，经济结构特别是所有制结构的变化，物化资本以及体现人力资本的技术、管理等要素也逐渐被包括进来）按其在财富创造中的贡献参与分配，以充分激发要素供给者的积极性和创造性，促使社会财富增加，在此基础上实现更高层次的公平。中共十三大首次提出"在促进效率提高的前提下体现社会公平"。中共十四届三中全会通过的《关于建立社会主义市场经济体制若干问题的决定》进一步明确提出"效率优先，兼顾公平"的原则。中共十五大重申了这一原则。

"效率优先，兼顾公平"原则的实施，在很大程度上打破了"平均主义"的窠臼，有力地激发了社会的活力，推动了社会生产力的迅速发展。在社会财富迅速累积的过程中，个人也都享受到绝对收入快速增长和个体福利明显改进的好处。

第二阶段，基于收入差距不断扩大的现实矛盾，强调"更加注重社会公平"。

由于前期的改革将着力点主要放在提高效率和增加经济总量上，相对忽视了公平的原则特别是社会财富分配的公平性，由此导致的直接后果是收入差距的不断扩大。除城乡收入差距扩大以及区域之间发展不平衡外，不同行业、不同所有制和不同社会群体之间的收入差距也比较明显。应该说，收入差距的扩大，既包含合理性和必然性的因素，也涉及不合理的因素，甚至是不公平的因素，尤其是在分配机会（或者说分配起点）以及分配规则（或者说分配程序）上存在着不公平的问题。这种不公平集中表现为由体制和法律漏洞以及政策缺陷所造成的非规范收入，如通过权力资本化牟取的非法收入、凭借垄断而获得的不合理收入等。如果任由这种不公平发展下去，不但容易激发社会矛盾，而且也会扼杀整个社会发展的经济激励，从而导致效率的降低。

在收入分配状况恶化、贫富差距不断扩大的背景下，整个社会对公平的诉求日益强烈。有鉴于此，中共十六大在论述公平与效率的关系时，没有再坚持"效率优先，兼顾公平"的原则，而开始强调"初次分配注重效率，再分配注重公平"，旨在通过再分配过程来解决分配中的不公平问题。中共十六届四中全会按照构建社会主义和谐社会的要求，强调要"注重社会公平"。中共十六届五中全会进一步提出，"要在经济发展的基础上，更加注重社会公平，使全体人民都能享受到改革开放和社会主义现代化建设的成果"。中共十七大则明确提出，"初次分配和再分配都要处理好效率和公平的关系，再分配更加注重公平"。这些提法及所强调的重点的变化，反映出对公平与效率问题认识的不断深化。

围绕更加注重社会公平，着力推进了收入分配制度和社会保障制度改革。

在收入分配制度上,改革的基本方向是从平均主义、"大锅饭"转变为以按劳分配为主体,多种分配方式并存,把按劳分配和按生产要素分配结合起来;同时兼顾效率与公平,既保护合法收入、取缔非法收入,又调节过高收入、保障低收入者的基本生活。经过30多年的改革,传统的平均主义分配制度已经基本被打破,按劳分配为主、多种分配方式并存的分配制度初步确立,资本、土地(使用权)等传统生产要素逐步纳入收入分配范畴,技术、管理等现代生产要素也开始以"人力资本"方式转化为股份资本参与分配。由此,居民特别是城镇居民收入来源构成也发生了相应变化:作为劳动所得的工薪收入仍是城镇居民收入的主要来源,但其比重已有所下降;而经营性收入和财产性收入等非工薪收入比重有所加大。同时,由于兼顾了效率与公平,国民收入在居民部门、企业部门与政府部门之间的分配格局发生了重大变化。从现有资料支撑的2012年国民收入宏观分配格局看,居民所得约占62%,企业所得约占18.5%,政府所得约占19.5%。这表明,居民已成为重要的储蓄主体,部分经营较好的企业也开始形成自我发展的能力,政府也在不断积蓄可用于收入调节的财政能力。这种变化,是符合由计划经济向社会主义市场经济体制转变要求的。

在社会保障制度方面,改革的基本方向是建立包括社会保险、社会救济、社会福利、优抚安置和社会互助、个人储蓄积累保障等在内的多层次的社会保障制度。20世纪90年代中期开始,按照为市场经济提供"减震器"和"安全网"的要求,加快推进以养老保险、医疗保险、失业保险和最低生活保障为重点的社会保障制度改革。特别是近年来在推行新型农村合作医疗制度、城镇居民基本医疗保险制度、农村最低生活保障制度,以及建立全国统一的城乡居民基本养老保险制度(由新型农村社会养老保险和城镇居民社会养老保险制度合并而来)等方面取得一定进展。在养老保险方面,截至2013年末,全国参加城镇职工基本养老保险人数为

32212万,参加城乡居民基本养老保险人数为49750万。在医疗保险方面,截至2013年末,参加基本医疗保险人数为57322万,其中,参加职工基本医疗保险人数为27416万;参加居民基本医疗保险人数为29906万。截至2013年底,2489个县(市、区)实施了新型农村合作医疗制度,新型农村合作医疗参合率99.0%。同时,截至2013年末,参加失业保险人数为16417万,参加工伤保险人数为19897万,参加生育保险人数为16397万。此外,在最低生活保障方面,截至2013年底,全国共有城市低保对象1097.2万户、2064.2万人;农村低保对象2931.1万户、5388.0万人。总体上看,新型社会保障体系框架已基本形成,社会保障的覆盖范围正在不断扩大。

第四章

开放型经济发展

在改革开放之初,邓小平就指出:现在的世界是开放的世界。中国在西方国家产业革命以后变得落后了,一个重要原因就是闭关自守。建国以后,人家封锁我们,在某种程度上我们也还是闭关自守,这给我们带来了一些困难。三十几年的经验教训告诉我们,关起门来搞建设是不行的,发展不起来。关起门有两种,一种是对国外;还有一种是对国内,就是一个地区对另外一个地区,一个部门对另外一个部门。两种关门都不行。我们提出要发展得快一点,太快不切合实际,要尽可能快一点,这就要求对内把经济搞活,对外实行开放政策。[①]

在中国,"改革开放"往往连在一起使用,被视作一个词,实际上它包含"改革"与"开放"两层意思。但开放亦是改革的题中应有之义。中国改革有两大动力,一是源于中国自身内部的动力,即政府主导的自上而下的改革;另一是源于中国开放融入全球化经济体系后来自外部的动力(或压力),即全球化对中国改革自下而上和由外及里的影响。全球化一方面加速了中国经济的发展,没有全球化,中国不可能用30年走完别国用200年才走完的现代化道路;另一方面,全球化倒逼与深化了中国改革。

---

① 《邓小平文选》第3卷,人民出版社1993年版。

◇◇ 经济全球化的背景和趋势

"经济全球化"一词含义丰富。从宏观角度看，它是各国政府、企业、居民等经济主体突破国界的限制，以普遍接受的经济原则为基础，平等互利地开展经济交往活动的过程。从微观角度看，它是指产品、服务、资本、技术、信息、人口等各类要素跨越国界在全球范围内流动，其流动的障碍不断降低，规模持续扩大，从而使得各个国家和地区之间经济相互依赖程度不断加深的趋势。国际贸易、国际直接投资、跨国生产、金融市场一体化等种种跨越国界的经济现象都属于经济全球化范畴。

经济全球化并非近几十年出现的新事物。据考证，早在公元前200年，古希腊哲学家波利比奥斯就曾谈到了全球化概念："过去，世界上发生的事情相互之间没有关系。从此以后，它们之间相互依赖。"从这句箴言中足可推断经济全球化的历史之悠久。回到真实世界的历史，弗兰克在《白银资本》[①] 一书中指出，1400—1800年间是西方世界兴起前由中国与印度主导的基于农业内部分工的全球化，形成不同经济体之间"互通有无"的基本格局。进入19世纪，以西欧，尤其是以英国为中心的跨洋和跨洲的贸易和金融网络开始形成，形成核心工业国和边缘农业国在工业制成品与农产品、原材料之间的贸易。麦迪森[②]指出，1870—1913年，全球出口年均增长3.4%。特别值得注意的是，几乎所有国家的贸易增长都要快于其收入增长。贸易增长快于经济增长，正是全球化日渐深入、世界各国的联系日趋紧密的最重要表征。不过，仍有不少学者认为，当时的这种全球化只是局限在发达国家范围之内的全球化，并非全球意义上的全球化。

---

① [德]贡德·弗兰克:《白银资本》，刘北成译，中央编译出版社2000年版。
② [英]麦迪森:《世界经济千年史》，伍晓鹰译，北京大学出版社2003年版。

20世纪70年代以后，以现代交通、通信和信息技术为代表的技术进步极大地克服了地理距离造成的各类交易成本，大大扩展了市场交易的半径和全球化的广度，使得各种经济活动的"全球性"特征越来越强，资源配置在全球范围内展开，国际分工也日益突破国家的界限，进入产品内部的各生产程序。相应的，经济活动的民族性和地域性则趋于弱化。此时开启的新一轮经济全球化才真正引起国际社会的广泛关注。

进一步分析，30余年来的新一轮经济全球化有以下几个突出特点：

第一，本轮全球化主要是由跨国公司推动的。跨国公司是真正的"国际公民"，它们的兴盛对于全球化发展的革命意义，在于超越了国家的和民族的疆域界限，使分工的结构和范围跨越了产品的僵硬外壳，进入产品内部各生产程序。于是，越来越多的跨国公司通过价值链的切片化，在全球为本公司产品的各个生产环节积极寻找最适合的生产基地，从而导致国际产业转移的空间扩大、速度加快。跨国公司推动的产品内分工的生产体系，使得各经济体分布在产品内分工的不同区段，在全球生产链和价值链的大框架下进行合作和利益分配。基于产品内贸易的国际分工在20世纪80年代以来的东亚地区体现得最为明显。大致说来，东亚生产网络表现为，日本主要生产核心零部件，韩国和东盟五国等生产一般零部件，中国组装完成最终产品。

第二，本轮全球化的进程伴随着体制结构的剧烈变动。20世纪80年代以后，市场化、自由化、一体化的思潮席卷全世界，特别是苏东集团的解体，世界上很多经济体都在经历着朝向市场经济体制转型的巨大变革。封闭的计划体制逐渐被开放的市场体制所取代，国际贸易的壁垒不断削减，经济全球化的国际规则越来越倾向于维护公平竞争，各国对外国直接投资的限制也由以往的以限制为主转向以鼓励为主。所有这些体制层面的变化都促进了国际分工的深化，提高了各国的外贸依存度，加快了国际资本流动的步伐，从而将经济全球化推向了新的发展阶段。

第三，本轮全球化是劳动力的全球化。20世纪80年代以来，发展中经济体和转轨经济体全面参与到由发达国家主导的国际分工体系中来的潮流，引发了劳动力全球化的新趋势，使全球的劳动力供应迅速增加。美国经济学家弗里曼曾作过估计，如果中国、印度以及苏联集团仍处于全球经济体系之外，那么2000年全球劳动者的数量约为14.6亿。但由于这些国家加入了世界经济体系，导致全球经济的劳工人数到2000年时增加了一倍，即从14.6亿增加到29.2亿。

◇ 对外开放拉开序幕

与本轮全球化浪潮同步，1978年以来的30余年间，中国通过实施对外开放战略，利用两种资源两个市场，提高要素资源配置效率，并借由开放倒逼改革进程，推动了中国经济的持续快速发展。

改革开放之前，中国施行的是集中式的计划经济体制，所有贸易活动都被中央政府用精确的量化标准进行管制。国家计委负责制定进出口计划，外经贸部所辖的一些国有外贸公司负责执行进出口计划。在对外经营方面，实行国家外贸公司统一经营，进出口经营权仅授予各外贸专业总公司及其所属口分公司，其他任何机构都无权经营进出口业务。据统计，到1978年底，包括内地省市外贸分、支公司在内，全国外贸专业公司只有130多家，而且其经营活动受到行政管理机构的包揽和干预，造成政企不分。在对内经营方面，实行出口收购制和进口拨交制。外贸公司向供货部门或生产单位以买断方式购进出口商品，生产单位对出口商品的适销性、价格和盈亏不承担责任。外贸公司的进口商品按照计划调拨转交给用货部门，用货部门不承担进口质量和效益的责任。国家对外贸收购、调拨、出口、进口、外汇收支及各项经营活动实行严格的指令性计划，在财务管理上由国家财政统负盈亏,连外贸公司的流动资金也由财政部统一核拨。在外贸定价制度方面,对内经营实行计划价格,对外经营按国际市场价格作价,切断了国内外市场价格的联系。在这样的体制之下,进出口数量与外汇价格和商品的相对价格并无太大关系;因此,外贸结构也就与中国拥有的比较优势关系不大。一个明显的例证是,直至20世纪80年代初,资本密集型和资源密集型产品一直在劳动力资源相对丰裕的中国的出口中充当重要角色。除了贸易结构的扭曲之外,外贸的相对规模也出现萎缩。根据Lardy[1]的测算,中国的贸易量在世界贸易中的占比由1953年的1.5%降至1977年的0.6%。

外贸体制的扭曲和总量的萎缩只不过是当时中国经济体制僵化和经济发展整体绩效不佳的一个缩影。在走出"文化大革命"浩劫之后,加快经济发展和改革传统的计划经济体制成为举国上下的迫切需要。此时,人们发现,在国内出现接踵而至的经济和政治动荡的同时,世界科技进步迅速,一些发展中国家特别是邻近的亚洲新兴工业化国家和地区的发展成就显著,人民生活水平明显提高,与中国经济发展停滞、人民生活改善缓慢的局面形成鲜明对比。这些国家和地区加快发展的一个重要经验就是对外开放、承接国际产业转移、吸收外资、引进国外技术、发展对外贸易、推动金融开放、在国际竞争中提升竞争力。基于上述国际经验,中国要在自力更生的基础上积极发展同世界各国平等互利的经济合作,努力采用世界先进技术和先进设备,由此拉开了中国开放型经济发展的大幕。

对外开放是新中国经济建设中的一项新事物,没有成型经验可循,经济上面临许多风险和不确定性,政治上面临许多意识形态方面的质疑和担忧。在以上种种约束条件之下,全面的、一揽子的对外开放既不可行也不可能,唯有积极探索温和的,但也富有创新性的开放战略。1979年,中央政府决定利用东南沿海毗邻香港、澳门、台湾的特殊有利条件,在深圳、

---

[1] Lardy, Nicholas, 1994, *China in the World Economy*, Washington, DC: Institute for International Economics.

珠海、汕头、厦门四个市划出部分地区建立经济特区，先行先试对外开放，积累局部经验，探索可行道路。特区在设立之后短短几年就发生了巨大变化，特别是深圳，从一个边陲小镇迅速成长为现代化的大都市，成为以开放促发展的典范。

在设立特区的实验取得成功之后，享有优惠政策的开放区域逐步扩大，从沿海地区到沿江、沿边地区和内陆省会城市，再到中西部地区，逐步形成了区域上全方位的开放格局。

与此同时，对外贸易体制的改革也逐步推进。与经济领域的其他改革类似，20世纪80年代初的外贸体制改革也以放权让利为主要特点。根据这一改革思路，国家陆续批准由中央政府各部门及地方省市成立外贸公司，迅速扩大贸易渠道。1987年之后，培育外贸企业成为真正的市场主体成为开放型经济发展的重点领域。从1988年起在全国推行以省、市、自治区为主的外贸承包责任制。这次改革的方向是：建立自负盈亏、放开经营、工贸结合和推行代理制的外贸体制。改革的核心主要是通过建立和完善以汇率、税收等为主要杠杆的经济调节体系，推动外贸企业实现自负盈亏。

除了外贸管理体制，中国在吸引外商直接投资方面也发生了重大变化。改革开放以来，中国在更大范围并以更多形式鼓励外商投资，出台了鼓励港、澳、台同胞来大陆投资的政策以及外商投资企业的税收法律等。1979—1994年的16年间，中国制定、颁布了500多个涉外经济法规，其中有关利用外资的法规条例达70多项，还与世界上65个国家签定了投资保护协定。[①]

◈ 对外开放的关键步伐：加入 WTO

2001年是中国对外开放的重要时点。这一年中国正式加入世界贸易组

---

① 裴长洪：《中国开放型经济建立的经验分析》，《财经问题研究》2009年第2期。

织（WTO）。13亿人融入世界经济，带来的不仅是巨大的人口红利，还有正在蓬勃兴起的消费市场。某种意义上，中国的入世从根本上改变了中国经济的发展进程，成为中国对外开放和经济改革阶段的重要分水岭。

中国原本就是世界贸易组织前身——关贸总协定的缔约国。1950年3月6日，台湾当局宣布退出关贸总协定。1971年中国恢复了在联合国的合法席位之后，曾被邀请回到关贸总协定中去，但在尚未改革开放的情况下，当时决策者认为关贸是个富人俱乐部，中国并无太大的参与必要。

随着20世纪80年代初改革开放国策的确立，中国对外贸易迅速发展，中国经济在纺织业等劳动密集型产业上的比较优势也通过国际贸易得到显现，纺织业出口在全部出口量中的占比一度达到30%。然而，由于中国政府没有加入关贸总协定的纺织品协议（多种纤维协议），因此不能合法地从纺织品业务当中得到应有的配额。基于扩大出口、发展经济的考量，中国政府先参加了多种纤维协议，然后开始决定申请复关。

1986年7月，中国政府提出恢复关贸总协定缔约国地位的申请，向世界彰显了中国进一步向世界开放和积极融入全球化的决心和信心。不过，随着中国逐渐成长为出口大国，中国被许多国家视为竞争对手，针对中国的反倾销行为不断增加，外资企业在进入中国市场时也遇到了许多经营环境方面的问题。这种环境之下，中国复关的阻力也越来越大。特别是世贸组织乌拉圭回合谈判的创立使得发展中国家在加入世界贸易组织时要承诺推动更广泛、更充分的开放，不断改善外资企业的经营环境。

在20世纪80年代，对中国经济体制的质疑也成为加入世贸组织道路上的拦路虎。根据龙永图先生的回忆，加入关贸总协定的国家需要提交一个关于经济贸易体制的说明，然后该组织对该国经济体制加以审查。这种审查的周期一般为1—2个月，但针对中国的审查却持续了6年之久，关键就在于许多国家不承认中国是市场经济体制，中国的"计划调节和市场调节相结合的商品经济体制"无法被西方国家理解。直至1992年中共十四大确立了社会主义市场经济体制的改革目标之后，审查中国经济体制的阶段才宣告结束。

为了与世界贸易组织的规则相融合，获取谈判伙伴的充分信任，中国加快了推进贸易自由化进程，在1994—2001年之间对开放型经济的体制框架进行了大量完善，选择了单边的贸易自由化战略，并大幅降低关税水平，从而在根本上解决了与WTO多边贸易体制的相容性问题。中国这一阶段的改革主要包括：①取消外贸企业承担的上缴外汇和额度管理制度，外贸出口一律取消外汇留成，实行统一的银行结售汇制度。②1994年7月1日实施《中华人民共和国对外贸易法》。将对外贸易管理纳入法制化轨道。赋予具备条件的国有生产企业、科研单位、商业物资企业外贸经营权，同时最大限度地放开进出口商品经营；废除对外贸企业的指令性计划。③按照现代企业制度改组国有外贸企业，积极推行股份制试点，具备条件的外贸企业要逐步改变为规范的有限责任公司或股份有限公司。

中国政府这样做的原因还在于力图以开放促改革。朱镕基总理1999年4月访美期间曾表示，更充分的竞争是能够迫使中国的国有企业和银行实施结构性改革的最重要压力来源，由WTO成员身份带来的竞争将促进中国经济的快速健康发展。

在中国入世的进程中，1999年11月结束和美国的谈判是另一个至关重要的节点。1999年11月13日和11月15日，时任国务院总理的朱镕基在北京两次会见了美国贸易代表查伦·巴尔舍夫斯基和美国国家经济委员会主席吉恩·斯珀林率领的前来参加中美关于中国加入世界贸易组织问题双边谈判的美国政府代表团，并亲自与美方进行了谈判，最终双方抓住了历史机遇，在货物贸易、服务贸易、金融、电信、音像制品、银行保险、分销等一系列问题上形成共识，达成了中美关于中国加入WTO的协议。

此后的1999—2001年是中国入世工作的扫尾阶段，期间完成了中国加入世贸组织多边文件的起草和批准工作。2001年11月10日，在多哈召开的世贸组织第四次部长级会议，审议并表决中国加入世贸组织。

2001年以后，中国政府信守加入WTO时做出的承诺，继续对外贸体制和外贸政策进行全面调整：①清理和修订了一批外贸法律法规，保持外贸政策的透明度。截至2002年末，国务院近30个部门对有关涉及对外经济联系的法律法规进行了清理和修订，共清理法规1400件，其中废止559件，修订197件。②转变政府行政职能，进一步理顺外贸管理体制。将进出口经营资格统一划分为外贸流通和自营进出口两类，前者由外经贸部实行核准制，后者则下放到省级外经贸主管部门实行登记制。③加大贸易自由化力度，完善进出口管理办法。根据加入世贸组织的承诺，中国进行了较大范围的实质性降税和减少规范非关税措施的行动。从2002年1月1日起下调5300多种商品进口关税，算术平均税率降至12%，其中工业品平均税率由14.17%降至11.16%；农产品由18.19%降至15.16%，加权平均税率由现行的99.15%降至51.56%，降幅达到41.15%，涉及税目数占总税目数的73%。在非关税壁垒方面则取消了部分商品进口数量限制。④加强法治建设。2004年4月6日，第十届全国人大常委会第八次会议根据中国加入世界贸易组织承诺和世贸组织规则，对《对外贸易法》中与中国加入世界贸易组织承诺和世贸组织规则不相符的内容进行了修订，对中国享受世贸组织成员权利的实施机制和程序做出了新的规定。

随着外贸法规的完善、关税的大幅下降、服务贸易的逐步开放，以及利用外资、保护知识产权、增强透明度等方面的长足进步，中国已经完成了与WTO体制的接轨，基本实现了WTO规则之下的贸易自由化要求。在加入WTO引发的体制变革和贸易自由化力量的推动之下，中国的对外贸易、FDI和外贸依存度在2002年之后实现了快速增长；开放、竞争的外部环境也使得中国有效地利用了自身的要素禀赋、发挥了自身的比较优势与后发优势，获得了巨大的全球化红利。

◇中国开放的经验：渐进有序开放

有序开放作为整个渐进改革道路中的一部分，是中国积极应对全球化潮流、充分参与全球化竞争并能在全球化中获益的成功经验。有序开放概括起来就是两条：一是有保护的贸易开放，二是循序渐进的金融开放。归根到底，有序开放是实现了与中国经济发展水平相适应的开放，既享受到参与全球化的好处，又避免了全球化可能带来的剧烈冲击甚至危机。

（一）有保护的贸易开放

开放并不必然带来经济增长。只有注意保护、渐进开放、坚持改革，才能获得开放的收益。不搞配套改革、不顾现实条件，听信教科书或外国专家进行全面自由化，搞全面开放，只会导致冲突与危机。早在李斯特的幼稚产业理论中就强调了开放中的保护问题。历史上，所有实现了成功开放的国家都注意到了这一点。如 Amsden（1989）与 Wade（1990）指出，以实行成功的出口导向战略著称的韩国和中国台湾在 20 世纪 60 年代所采取的经济政策远远超出了让市场及比较优势自由发挥作用的范围。他们认为，韩国和中国台湾确立了发展工业的优先顺序，并毫不犹豫地采取干预手段（包括补贴、贸易限制、行政指导、国有企业以及信贷分配等政策），根据政府预定的目标重塑比较优势。干预并不是为了支撑江河日下的企业，而是过渡阶段的一部分，其目标是建立能够在全球市场中以同等条件竞争，而不需要继续接受保护的强盛企业。

经济成功的发展中国家往往既准备好实施保护本国产业的措施，同时又让各行各业得到向新领域实行多样化发展的时间。强调开放中的保护实际上意味着贸易开放应与经济发展水平相适应。

中国的开放是有保护的开放。如果用关税率的下降来衡量贸易开放的程度，那么可以看出，中国的贸易开放是逐步推进的。根据有关分析，随着历次关税下调，中国贸易保护的程度在逐步下降。① 图4—1也显示，中国总体关税水平由1992年的42.1%逐步下降到2007年的不到10%。这些都表明，开放中有保护，但保护程度在逐步下降。

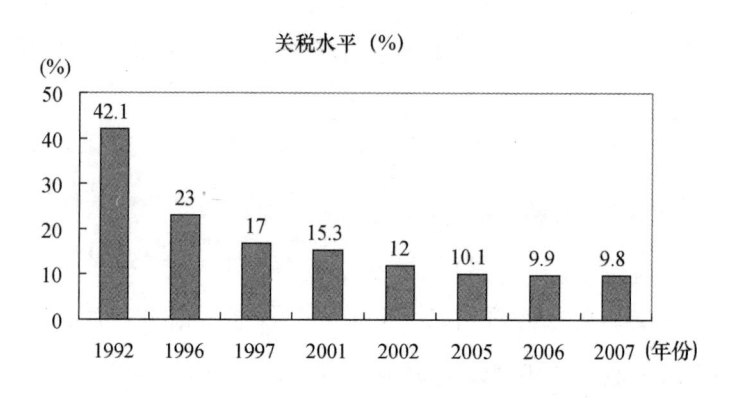

关税水平（%）

年份	关税水平(%)
1992	42.1
1996	23
1997	17
2001	15.3
2002	12
2005	10.1
2006	9.9
2007	9.8

图4—1 中国实际关税下调情况

资料来源：2001年之前数据来自张晓晶《WTO与中国经济：一个综述》，中国改革基金会国民经济研究所工作论文 No.99—005，1999年；2001年之后数据来自商务部网站。

关于中国的贸易保护有两点要说明：其一，贸易保护是结构性的，即不同行业关税率的差别是较大的。比如1994年，彩电的关税为0，而摩托车的关税为120%（这里不包括非关税贸易限制）（见表4—1）。其二，贸易保护除了关税外，还有非关税贸易限制。

外汇管制和汇率补贴曾是贸易保护的主要手段。比如，在1994年中央

---

① 金祥荣、林承亮：《对中国历次关税调整及其有效保护结构的实证分析》，《世界经济》1999年第8期。

政府按 RMB 5.8 元/US＄的汇率进口了小麦、化肥、食用油和食糖等产品，而当时的单一汇率平均为 RMB 8.6 元/US＄，这是典型的汇率补贴。另外，1994 年汇率并轨前，国内企业被允许保留一定比例的外汇收益的留成额度账户。这种制度在 1994 年 1 月被取消。但是以前企业持有的外汇留成额度仍然可以按并轨前 RMB 5.8 元/US＄的官方汇率购买外汇，进口产品。

如果把因外汇管制与汇率补贴所形成的非关税限制措施考虑进来，那么 1994 年中国事实上的关税水平要上升近一倍。表 4—1 显示，1994 年，关税率为 21.74%，而非关税措施如果折算成关税率，也将达到 21.55%。

表 4—1　　　　中国的贸易保护（关税与非关税限制措施）　　　（单位:%）

	总的贸易保护（t+n）	关税率（t）	非关税限制（n）
菜籽油	113.6	25	88.60
食糖	141.4	30	111.40
无酒精饮料	105.56	65	40.56
胶合板	46.10	20	26.10
羊毛及羊毛条	19.20	15	4.20
彩电	18.59	0	18.59
录相机	54.27	8	46.27
摩托车	131.20	120	11.20
空调机	104.73	90	14.73
钢材	38.76	15	23.76
铜及铜材	17.15	10	7.15
铝及铝材	27.49	18	9.49
汽油	35.24	9	26.24
柴油	24.70	6	18.70
磷酸氢二铵	72.40	0	72.40
合成纤维	22.01	15	7.01
天然橡胶	42.90	30	12.90
合成橡胶	42.90	30	12.90
塑料	36.59	25	11.59

续表

	总的贸易保护（t+n）	关税率（t）	非关税限制（n）
轿车	134.20	110	24.20
原油	18.19	1.5	16.69
微型计算机	13.02	7	6.02
彩色显像管	33.59	15	18.59
小麦	72.40	0	72.40
程控交换机	20.98	12	8.98
总计	43.29	21.74	21.55

资料来源：转引自张曙光、张燕生、万中心《中国贸易保护代价的实证分析》，《经济研究》1997年第2期。

贸易保护主要着眼于进口，但在出口方面，实际上也能体现出"保护"。比如中国自1985年开始实行的出口退税，就是一种鼓励出口的税收政策，以增强出口企业的竞争力。[1] 出口退税主要对象是国内的生产加工环节，一般贸易出口能够退税，但加工贸易中只有进料加工中使用的国内原材料才能退税。在出口退税明显增加的情况下，中国一般贸易出口以及使用国内产品出口的竞争力大大提高。[2]

市场准入限制是体现开放中保护的另一个例证。从贸易开放到金融开放这一开放的顺序本身即体现了保护的思想。就一国发展阶段而言，一般先是制造业，然后才是服务业。发达国家的产业梯度转移也基本遵循这样的规律。因而，在初期阶段，发展中国家可以凭借劳动力比较优势，在制造业上，特别是劳动密集型制造业上与发达国家展开竞争，先开放这些领

---

[1] 尽管也有观点认为，原则上，退税并不是一种出口鼓励政策，而不过是使出口企业享受到一般企业所应该享受的待遇，取消对出口商品的退税将构成对出口企业的歧视，从而造成市场扭曲，但是，不可否认的事实是，当前实施出口退税政策，并且出口退税率较高，其目的正是鼓励出口。

[2] 不过，随着大量贸易顺差的积累，以及贸易增长方式粗放的问题日益凸显，中国政府对一些鼓励出口的政策进行了调整，其中就包括逐步降低和取消出口退税。

域带来的问题不大。因而,中国是贸易开放在先。但是,服务业,特别是金融服务业,是中国产业中竞争力最弱的行业之一,因而,是在中国加入WTO之后根据有关协议的承诺逐步开放的。

从中国的开放历程来看,中国的开放通过一定程度的保护,特别是使开放水平与发展水平相适应,取得了明显的成效,出口增加了,一些产业也发展起来,整体的产业竞争力提高了。总体而言,这种有保护的开放是成功的。不过也要认识到,保护必然带来经济扭曲。如何尽量减少这种扭曲,提高效率,也是一国在决定贸易保护水平的时候需要慎重考虑的问题。

(二) 循序渐进的金融开放

与产业开放顺序相对应的是由贸易开放到金融开放。中国进入20世纪90年代后,进出口总额占GDP的比重迅速上升,逐步形成出口导向型的经济。而与此同时,中国在金融业的开放上却较为谨慎。1996年,中国就实行了经常项目可兑换,但资本项目可兑换至今没有时间表。图4—2显示出亚洲金融危机以后中国在资本管制方面的逐步放松。不过与亚洲其他国家相比,中国的资本管制强度还是很高的(见图4—3)。

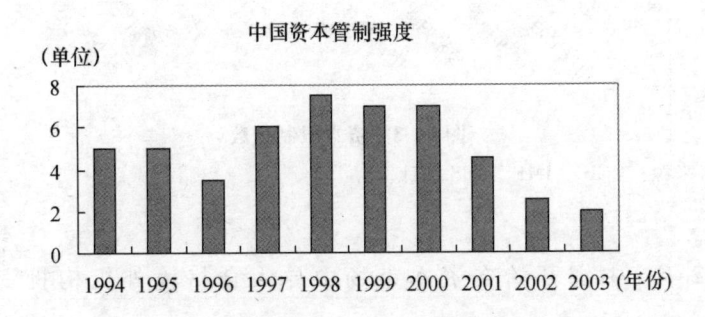

图4—2 中国资本管制强度的逐步减弱

资料来源:金荦:《中国资本管制强度研究》,《金融研究》2004年第12期。

尽管如此，中国对资本流动渠道的逐步放宽却是有目共睹的。

2001年，中国放松了对本国企业和居民购买外汇的限制，允许企业和居民为提前偿还本外币贷款或偿还由外债转换的贷款和外债而购买外汇，同时，政府还允许本国企业为在国外进行战略性投资而购买外汇。对自费出国留学者（大学本科或以上），允许其一次性地购买相当于2万美元的外汇（在此之前的购买限额是2000美元），用以支付学费和学杂费（从2005年1月起，学费之外的学杂费限额将提高到2万美元）。

(单位)

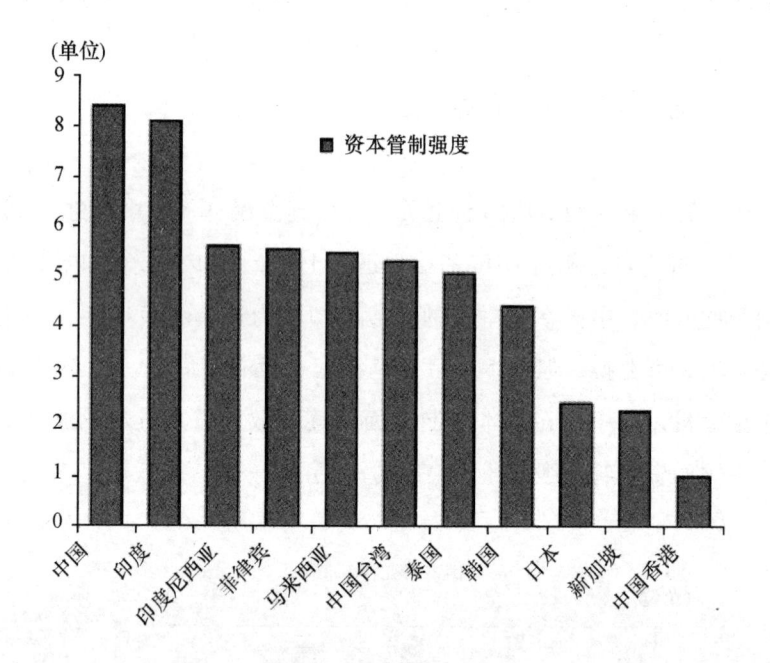

图4—3 资本限制指数

资料来源：CEIC, IMF, UBS估计。

2002年，中国开始在资本市场中导入合格境外机构投资者制度（QFII），即允许非本国居民在遵守某些限制性规定的情况下进入中国股票市场投资（A股）。

2003年，中国政府允许从中国金融机构取得外汇贷款的居民在偿还本金时，不必再向政府登记并获得政府核准，国内企业被允许在外汇账户中保留来自境外合同项目、境外货运和佣金、国际投标项目的外币收入。在某些省份和地区，对外投资的限额（美元等值）从 100 万美元增加到 300 万美元。居民不需要携带外币出境许可证（LCFCA）即可携带外汇出境，个人携外汇出境的最高限额（美元等值）从 2000 美元增加到 5000 美元，而需要经过外汇管理局核准的限额（美元等值）也从 4000 美元增加到 1 万美元。居民不用申报即可携带入境的外币最高限额（美元等值）从 2000 美元增加到 5000 美元。

2004 年，中国原则上批准全国社会保障基金（管理的资金大约为 170 亿美元）和国内保险公司将一小部分投资组合投资于境外。中国政府允许国际金融机构为境外用途在中国国内筹集人民币资金。中国允许跨国公司在华机构将外汇资金汇集在一起，以信托贷款形式在国内重新分配，或者向境外关联机构提供贷款。目前还允许移民境外的中国公民和获得遗产的非居民转移个人资产。

2005 年，为切实满足企业用汇需求，降低企业结售汇成本，国家外汇管理局决定调整经常项目外汇账户限额管理办法：①将超限额结汇期限由现行的 10 个工作日延长至 90 天；②扩大按实际外汇收入 100% 核定经常项目外汇账户限额的企业范围。

2007 年 6 月 20 日，中国证监会颁布《合格境内机构投资者境外证券投资管理试行办法》。这使得券商、基金系 QDII 终得以全面开闸。中国合格境内机构投资者（QDII）业务稳妥渐进地发展，截至 2007 年 9 月末，QDII 总额度已经达到 421.7 亿美元。

另外，为履行加入 WTO 的承诺，中国政府从 2001 年起逐步开放国内金融业。到 2006 年底，实现了金融业的全面开放。2006 年以后，中国取消了所有对外资银行的所有权、经营权的设立形式包括所有制的限制，允许外资银行向中国客户提供人民币业务服务，给予外资银行国民待遇。在 WTO

过渡期，无论是银行业、保险业还是证券业的开放都是逐步推进的，因此并未造成对国内金融业的较大冲击。

正是由于中国金融开放的循序渐进，才在很大程度上避免了亚洲金融危机带来的冲击。不过，推行"走出去"战略，以及在人民币升值与流动性过多背景下鼓励资本流出，将会对国内的经济金融稳定产生较大影响，因而在此强调资本账户开放的循序渐进仍十分必要。

◇开放型经济发展新趋势

（一）开放经济新挑战

总体说来，30多年来，中国从经济特区的开放先行到沿海开放再到沿江、沿边和内地开放，已经形成了多层次的开放型经济发展格局，在与WTO等国际规则接轨的体制环境下，中国已经深度参与了经济全球化，获益良多、成就斐然。从开放型经济的规模角度看，中国的国际贸易增长十分迅猛，中国不仅在世界出口中排名第一，而且已成为世界第二大进口国。对外直接投资近年来也有突飞猛进的发展，2014年中国的实际对外投资已经超过利用外资的规模，成为资本的净输出国（根据商务部披露的信息，如果加上第三地融资再投资，2014年中国对外投资规模在1400亿美元左右，大约高于中国利用外资200亿美元）。

尽管取得了巨大成就，但未来的中国开放型经济发展依然面临着严峻挑战。

从国际产业分工角度看，根据 Gill 等人[①]和世界银行[②]的研究，处于国际产业分工中间层次的中等收入国家，可能被挤压在具有更低成本优势的低收入国家和处于创新前沿的高收入国家的夹缝中，从而出现"比较优势真空"，有被边缘化，继而被抛出国际分工体系的危险。而这也正是"中等收入陷阱"概念最初的含义。近年来，随着中国的人均 GDP 水平步入中等收入国家行列，中国在劳动密集型产业中的比较优势正在逐步丧失，而同时却并未获得在技术与资本密集型产业中的比较优势，破解"中等收入陷阱"问题已迫在眉睫。在这种挑战之下，进一步扩大开放，倒逼市场化改革，致力于通过建立"创造性破坏"的机制来增强市场活力，以自由竞争的市场为机制筛选出有效率的企业，将成为中国构建在国际产业分工中的新优势、跨越中等收入陷阱的必然选择。

与此同时，在后危机时代，为了维系在国际竞争格局中的有利位势，发达经济体正在积极推动经济发展模式和全球治理体系的变革，刻意将中国排除在新规则制定者范围之外。比如由发达经济体主导的"跨太平洋伙伴关系协定（TPP）""跨大西洋贸易与投资协定（TTIP）"以及"服务贸易协定（TiSA）"等，再清楚不过地表明，发达经济体作为一个集体，已经不满于目前的全球化模式及其运行规则；他们正结成新的"神圣同盟"，力图树立新规。这些"新规"均将中国排除在外，是新时期中国开放所必须面对的新挑战。

（二）上海自贸区及其扩围

正是在以上的大背景下，中国提出建设上海自由贸易区的构想。这清楚

---

① Gill, I., Kharas, H., and others, 2007, *An East Asian Renaissance*: *Ideas for Economic Growth*. The International Bank for Reconstruction and Development / World Bank.

② World Bank, 2010, *Robust Recovery*, *Rising Risks*, East Asia & Pacific Update, Washington D. C.: World Bank.

表明了中国政府应对上述国际国内新形势、新变化的积极态度，展示了中国政府应对国际经济新格局的主动战略：一方面，将主动要求参加正在形成中的各项新规的谈判过程；另一方面，我们选择中国领土上的一个最重要的区域，尝试试验 TPP 等新规中的合理规则，"实现以开放促发展、促改革、促创新，形成可复制、可推广的经验，服务全国的发展"，为中国在国际产业分工体系中谋取新的竞争优势。2013 年 9 月 27 日，国务院正式发布中国（上海）自由贸易试验区总体方案。这标志着中国的对外开放进入崭新阶段。

回溯以往，中国的对外开放大致经历了以下的递进阶段：①1980 年，始以建立深圳等四大经济特区，继以建立沿海对外开放带，直至浦东开发开放，中国坚定地迈出了对外开放的步伐。从那时至中国正式加入 WTO，是中国对外"政策性开放"时期。其基本特征，就是我们主动地选择若干领域、地区和产业，主要采取特殊优惠政策的方式，有选择地引进国外资金、技术、管理和市场，逐步建立起出口导向的经济体系。②经历长达 13 年不懈努力，中国于 2001 年底正式加入 WTO，开创了对外"制度性开放"的时代。这一时期的基本特征，就是中国全面接受了一套由发达经济体预设的规则、体系、做法和"最佳实践"，全面融入全球化的世界经济体系，同时，在过去长期实施"引进来"战略的基础上，中国的企业开始走向世界。③上海自贸区建设的启动，应视为中国对外开放的新阶段。它站在过去十年全面实施制度性开放的高台上，设定了"全面建设开放型经济体"的更为宏伟的目标，以期保证中国稳步成长为在国际社会中发挥重大作用的大国，为增进全人类的福祉贡献力量。④上海自贸区经验在更大范围推开。鉴于上海自贸区在外商投资负面清单管理、贸易便利化、金融服务业开放、完善政府监管制度等方面进行了体制机制创新，并形成了一批可复制、可推广的经验做法，中国政府于 2014 年 12 月 12 日决定将上海自贸区经验在更大范围推开，推动实施新一轮高水平对外开放。一是深化上海自贸试验区改革开放，进一步压缩负面清单，在服务业和先进制造业等领域再推出一批扩大开放举措,并将部分开放措施辐射到浦东新区。二是除涉及法律修订等事项外,在全国推广包括投资、贸易、金融、服务业开放和事中事后监管等方面的28项改革试点经验,在全国其他海关特殊监管区域推广6项海关监管和检验检疫制度创新措施。三是依托现有新区、园区,在广东、天津、福建特定区域再设三个自由贸易园区,以上海自贸试验区试点内容为主体,结合地方特点,充实新的试点内容。新自贸区会更加注重自身所处区域发展情况以及肩负的重任,如广东地区的深圳前海自贸区,不仅注重金融业,同时也注重现代物流、信息服务产业及科技文化创意产业。而天津自贸区主要是推动贸易更加便利化,所以突破方向或集中在服务贸易和金融业开放两个方面。

中国正处在产业转型升级的关键时期,自贸区这一强劲的发展引擎将在很大程度上创新开放型经济发展形态,赢得新一轮全球化红利,并以此推动国内改革,促进未来中国经济增长。

(三)"一带一路"大战略

如果说上海自贸区建设及其扩围是中国应对后危机时代国际经济新格局所进行的国内布局,那么,"一带一路"战略则可以看作是促进全方位开放的全球布局。

所谓一带一路是指丝绸之路经济带与21世纪海上丝绸之路。这一战略的提出是顺应经济发展新阶段[①]对于区域发展与对外开放的新要求。一方面是本轮危机后,外部需求明显减弱,中国以出口为主的外向型经济发展受到制约。另一方面随着中国经济高速发展,结构性矛盾和新一轮的产能过剩已形成巨大压力和风险。与此同时,美欧日等发达经济体,谋求建立国

---

① 即后文所提的经济新常态。

际经贸新规则，重塑国际经济新秩序，亦对中国发展构成诸多约束。为主动适应和引领国内新常态与国际经济新格局，中央提出"一带一路"战略构想，不仅明确了区域发展与对外开放的新路径，同时将成为新常态下经济发展的新增长点。

一带一路战略的实施，一方面（丝绸之路经济带）将会通过扩大向西开放，使中国特别是西部地区与中亚、西亚、东欧的贸易往来和经济合作得以加强，另一方面（海上丝绸之路）可以巩固和发展我国同东南亚的经贸关系，并逐步辐射到南亚和非洲等地区。一带一路是中国形成全方位对外开放格局的关键举措。它将通过沿线国家基础设施的互联互通，对域内贸易和生产要素进行优化配置，促进区域经济一体化，并为国内产业发展、转型和转移提供更为广阔的市场空间。为解决基础设施互联互通的资金瓶颈问题，创新融资机制。作为对世界银行、亚洲开发银行等现有金融机构的有益补充，中国与有关国家共同成立了亚洲基础设施投资银行，以及开放的丝路基金。这对于中国资本走出去、有效利用过高的外汇储备（近4万亿美元）以及推进人民币国际化都有帮助。借由初期的大规模基础设施建设，紧接着资源能源开发利用，随后的全方位经贸往来，"一带一路"战略将成为新常态下我国经济发展的新增长点。同时，考虑到欧美日等发达经济体正在酝酿构建国际经济新秩序（以TPP、TTIP和TiSA为代表），一带一路战略还有利于冲破发达经济体建立的"包围圈"，寻求更大范围的资源与市场合作。"一带一路"建设可以与欧盟、北美自由贸易区形成"三足鼎立"态势，加快形成国际经济新格局，进而对经济全球化产生深远影响。[1]

（四）开放型经济发展的侧重点

未来看，中国开放型经济发展的重点领域主要有四个方面：

---

[1] 李扬、张晓晶：《失衡与再平衡》，中国社会科学出版社2013年版。

第一，追赶世界技术革命浪潮，应对国际分工挑战。即抓住第三次工业革命带来的契机，充分利用和培育中国在若干新技术研发领域的优势，主动提升实体产业层级，特别是提高制造业技术水平和自主创新能力，努力向具有高附加值的国际产业价值链两端延伸，实现从"中国制造"向"中国创造"的转变，以应对由发达国家蓄势占优和新兴经济体追赶比拼引发的国际分工体系重构带来的巨大挑战。

第二，积极参与国际规则的酝酿和修订，在未来全球治理中更多反映中国的意图。即在国际经济新规则形成过程中，找准切入点，努力提高国际事务参与度与话语权，在推动建立更加公平的国际经济、货币、政治新秩序中，为国内经济持续健康发展创造良好、安全的外部环境。

第三，扩大服务业开放，提高服务业生产率。即扩大金融等现代服务业的开放水平，推动人民币国际化，并以外部竞争为动力，倒逼中国服务业劳动生产率的提高，特别是促进生产性服务业的管制放松与快速发展，进一步提升其对实体产业的支撑作用。

第四，推进上海自贸区（及其扩围）与一带一路战略，突破发达经济体的"包围圈"。无论是上海自贸区（及其扩围）的国内布局，还是一带一路的全球布局，以及推进建设亚洲基础设施投资银行、上合组织银行、金砖国家银行、丝路基金等，创建区域性集体金融安全网，都旨在主动适应和引领对外开放格局的新常态，突破以美国为主导的发达经济体的"包围圈"，为新时期中国的对外贸易、海外投资、产业转型升级和未来发展空间趟出一条新路。

第 五 章

宏观管理体制改革

　　中国宏观管理体制的沿革，有一个与西方相互影响、相互学习的过程。改革之初，宏观调控从西方引入，中国当时还是小学生，主要任务是学习。而且，在较长一段时间里，中国政府都因掌握宏观调控政策不得法而苦恼。其实根本原因在于中西"土壤"的不同。但2008年的国际金融危机以来，这一局面发生了改变，西方开始考虑向中国学习宏观调控。这既和危机对西方主流经济学以及宏观政策理念的冲击有关，当然也和中国宏观调控的特色与长处有关。

　　中国宏观管理体制还处在不断的变革中，不能因为人家要来学，自己就满足或止步不前。实际上，中国宏观调控的一些特色，往往是特定发展阶段与体制结构下的产物，要把这种特殊性与真正值得国际社会借鉴的一般性中国宏观管理经验区分开。特别是，要明确哪些是会随着体制的变迁——如市场在配置资源中发挥决定性作用——被淘汰和需要改进的，而哪些是与体制变迁相吻合从而跟得上时代步伐的。这也构成未来中国宏观管理体制改革的基本逻辑。

◇◇ "向中国学习宏观调控"

　　自改革开放后现代经济学被再度引入中国大陆以来，中国经济学界一直被认为是西方主流宏观经济理论与政策的倾听者、追随者和模仿者。在一些人看来，真正重要的问题是如何将中国经济改造成主流经济学教科书所描述的那样一种"标准"市场经济，从而为主流宏观经济政策的实施创造条件。因此，如果在十年前谈论中国宏观调控经验对世界的启示和借鉴意义，很可能会贻笑大方。然而，爆发于2008年的全球金融危机在很大程度上改变了这一局面。

如同1929年大萧条一样，此次危机不仅是世界经济的危机，也是宏观经济思想和经济政策的危机。从理论层面看，各种宏观经济思潮正在进行着激烈且混乱的大论战：一方面，曾长期占据主流地位的新古典宏观经济学饱受诟病，克鲁格曼、斯蒂格利茨等凯恩斯主义者纷纷提出"回到凯恩斯"的理论主张，索罗斯则组建了"新经济思想研究所"，聚集众多非主流学者对新古典经济学进行批判和反思。另一方面，面对着一浪高过一浪的批判声，卢卡斯、泰勒、马斯金、米什金等主流经济学领军人物旗帜鲜明地驳斥"金融危机的爆发代表经济理论失败"的观点，并声称来自金融危机的教训不仅没有从任何角度侵蚀或推翻危机前发展起来的宏观经济学基本原理，反而证明了"有效市场假说"理念的正确性。

与理论层面的混战一样，在政策层面，经济学家和政策制定者也已经闯入了"勇敢的新世界"，面临的问题远多于有效的解决方案，新的宏观经济政策框架的轮廓仍不清晰。前任美联储主席伯南克曾指出，此次危机的根源未必在于主流经济学理论体系，而是经济政策制定和实施层面出了大问题。[1] 因此可以认为，尽管理论层面的争论一时难以甄别对错高下，但危机的冲击对宏观经济政策研究却是真真切切地提出了新的要求，即需要通过经济政策学的研究，重构宏观经济管理框架，逐

---

[1] 伯南克：《金融危机对经济学的启示》，《比较》2010年第5期。

步弥合经济理论与政策实践之间的距离,从而提高宏观政策的有效性。

在建立经济政策学体系、重构宏观经济政策框架的过程中,许多主流经济学家发现,只关注价格稳定等总量指标的传统宏观政策远远不能保证宏观稳定的实现,产出的构成、资产价格变化、杠杆化水平以及外部失衡等结构性指标也应被关注;正是发达经济体宏观政策对结构性问题的漠视,才导致了本次危机的爆发。

十余年来中国宏观经济的表现与这一理论反思浪潮形成相互呼应的态势。在主要发达经济体纷纷陷入低迷的同时,没有照搬西方宏观经济政策框架且以结构性调控为特色的中国宏观调控实践却恰恰取得了良好绩效:如图5—1所示,自20世纪90年代中期以来,无论用GDP增长率还是用通货膨胀率度量,中国宏观经济波动均已趋于平稳化,经济增长率总体呈现在适度高位平滑波动的良好态势,增速始终保持在7%以上,而在20世纪90年代中期之前反复出现的10%以上的较高通胀率也已不再出现,宏观经济的总体运行格局可以用"高增长、低通胀、平稳波动"来概括。根据一些中国学者的研究,中国宏观经济运行的平稳化既与中国经济结构的优化和体制改革的深化有关,也得益于中国宏观调控体系的成熟与完善。[①] 这个阶段与全球的"大稳定"(great moderation)时期颇为一致,这表明全球经济的"好运气"也是中国宏观经济运行平稳的一个促进因素。

中西宏观经济绩效的巨大反差使得曾经被认为是金科玉律的西方宏观经济学概念、范畴、原理、体系饱受质疑,也使得过去被奉为圭臬的

[①] 董昀:《体制转轨与中国经济波动形态的变化》,《开放导报》2011年第2期;方福前等:《国有经济改革与中国经济波动的平稳化》,《管理世界》2012年第3期;林建浩等:《中国宏观经济波动的"大稳健"——时点识别与原因分析》,《经济学季刊》2013年第2期;殷剑峰:《21世纪中国经济周期平稳化现象研究》,《中国社会科学》2010年第4期。

(单位)

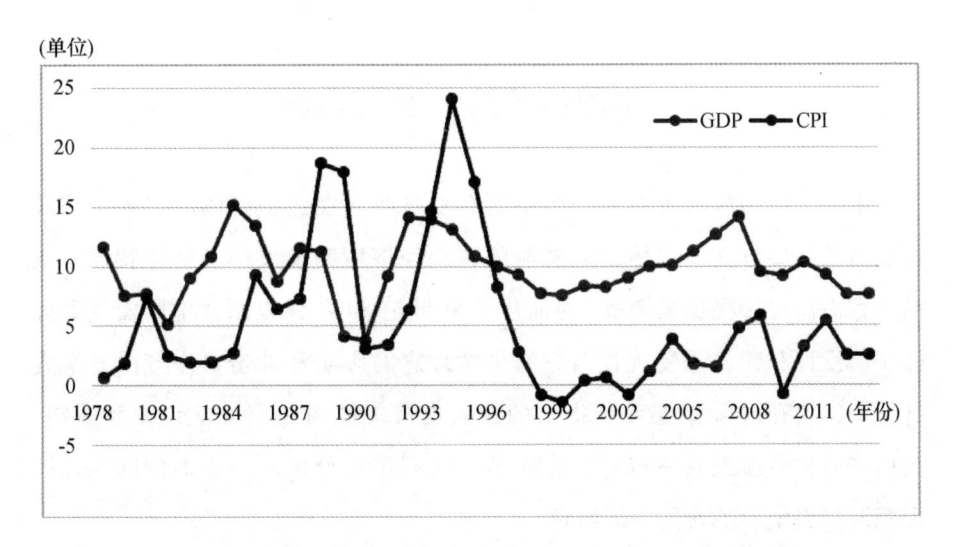

图 5—1　1978－2013 年中国 GDP 增长率与 CPI 的变动趋势

各种主流宏观经济政策规则、指引、体系黯然失色。与此同时，哈佛大学经济学家弗兰克尔提出，要通过总结新兴市场的经验来拯救主流宏观经济理论；[①] 而摩根斯坦利前亚洲区主席罗奇则干脆直接以"向中国学习宏观调控"为题撰文，称中国"在宏观政策战略方面给世人上了一课，这一课是世界其他地区应该聆听的"。这些言论表明，中国宏观调控的成功经验已经进入西方主流经济学家的视野，中国宏观管理经验与思想对重构主流宏观政策框架、重塑主流宏观经济学均有重要的借鉴意义。[②]

[①] Frankel, Jeffrey, 2010, *Monetary Policy in Emerging Markets: A Survey*, NBER Working Paper No. 16125.

[②] 张晓晶、董昀：《重构宏观经济政策框架：探索与争论》，《比较》2013 年第 3 期。

◇ 中国特色的"宏观调控"

事实上，中国的宏观调控体系既有着与西方发达经济体的宏观经济政策相似的某些方面，也体现着鲜明的转型经济体和发展中经济体特征。就前一方面而言，根据吴敬琏①的描述，20世纪80年代以来，中国宏观管理体制的设计和建设深受现代西方经济学理念的影响和冲击，许多西方学者针对中国宏观政策框架设计提出的建议也被决策当局充分地讨论和采纳，我们在后文会涉及这一问题。在本节，我们重点分析后一方面的问题，即宏观调控当中所蕴含的中国特色。

仅看字面，就能够感受到中国宏观经济管理体制的独特性。"宏观调控"本身就是一个富有中国特色的经济政策术语，西方国家并无此提法。追根溯源，它是林重庚、吴敬琏等几位经济学家在1985年的巴山轮会议上首次提出的概念，其初衷是把"调节"和"控制"两个词合并起来，用以刻画"macro-management"的中文含义。最终之所以选定了"宏观调控"提法，是因为其中的"调节"理念与现代宏观管理的理念相符，强调通过间接手段进行经济管理；而其中的"控制"理念突出了中国特色和过渡性特征，强调政府要对整个国民经济体系进行有效的管理。② 此后，"宏观调控"逐渐成为经济学界刻画中国政府宏观经济管理活动的特定术语。

进一步考察中国的宏观调控与西方的宏观经济政策，我们可以更加清晰地把握"宏观调控"的中国特色。总结起来主要有四条。

---

① 吴敬琏：《中国政府在市场经济转型中的作用》，《国民经济管理》2004年第9期。

② 林重庚：《中国改革开放过程中的对外思想开放》，《比较》2008年第38期。

（一）宏观调控目标的多元化

在西方发达经济体，自凯恩斯《通论》问世以来，主流宏观经济学主要关注总供求关系与经济波动，也就是总需求与潜在总供给关系的变化所导致的经济增长率、通胀率、就业率等总量指标的变化。相应的，发达经济体的宏观经济政策也主要致力于解决经济波动的问题，用"拾遗补缺""多退少补"的办法使总需求与潜在总供给保持一致，使实际总供给最大程度地与潜在总供给持续地保持一致。与此同时，其他类型的经济问题会被交给其他类型的经济政策加以"专业"地处理和解决；例如，用反垄断政策来解决产业组织结构问题、用加强产权界定和保护的办法来解决企业家的激励问题，等等。从这个意义上说，西方的宏观经济政策是一个很"狭窄"的概念，不能包打天下，只能致力于解决短期内的经济总量波动问题。

反观中国，宏观调控的目标则更加丰富和多元化。十八届三中全会通过的《中共中央关于全面深化改革若干重大问题的决定》指出："宏观调控的主要任务是保持经济总量平衡，促进重大经济结构协调和生产力布局优化，减缓经济周期波动影响，防范区域性、系统性风险，稳定市场预期，实现经济持续健康发展。"根据以上论述，中国的宏观调控任务既包括熨平总量波动，也包括促进结构升级；既包括实现短期宏观稳定，也包括推动长期持续健康发展。进一步看，在一个像中国这样的从计划经济向市场经济的过渡经济体之中，保持宏观稳定是一个事关改革成败的重大问题，而宏观稳定的实现既需要以找到引发经济波动的体制成因并加以改革为前提，也有赖于决策当局对原有的宏观经济管理体制不断进行改革，进而形成科学、高效的宏观调控决策体系和决策理念。因此，在中国讨论宏观调控显然也离不开对体制改革问题的系统研究。简言之，中国宏观调控的最主要任务归结起来就是处理好改革、发展与稳定的关系，改革是手段，发展是目的,稳定是前提。① 这三大任务所涉及的学科领域已经超出了西方经济学意义上的狭义宏观经济理论的范畴,涉及微观经济学、产业经济学、增长经济学、转轨经济学等领域,凡是涉及普遍性、紧要性、整体性、全局性和战略性的经济问题,都属于宏观经济调控的范围。由此可见,中国的宏观调控跳出了西方理论教条的羁绊,一改西方宏观经济理论与政策的重短期轻长期、重总量轻结构、重波动轻发展、重态势轻基础、重对策轻机制等特征,注重在实现改革、发展与稳定的进程中兼顾短期和长期、总量和结构、波动与发展、对策与机制、经济与社会、人与自然等多方面的协调问题。

(二) 结构性宏观调控

发达国家市场体系相对完善,同质化程度较高且处在相对均衡的增长路径上,因此,主要是以总量调控为主,而鲜用结构性政策。并且,在西方主流经济学看来,结构性政策往往会造成市场扭曲,比如产业政策。而发展中国家则有很大不同。市场还不发达,结构急剧变动,异质性很强以及不均衡增长,这些就使得发展中国家往往采取结构性调控政策。

中国的结构性问题,归结起来,一个是体制结构,涉及国有与非国有、体制转型与双轨过渡、中央地方关系、政府与市场关系等。另一个是广义的经济结构,包括:①人口年龄结构(老龄化问题);②城乡二元结构;③产业结构(三次产业发展不平衡问题);④地区结构(区域之间发展的不平衡);⑤分配结构(国民收入分配格局与贫富差距问题);⑥增长动力结构(内外需不平衡、要素投入结构不合理);等等。正是因为存在着一系列的结构问题,并且还处于结构剧变的过程中,这使得结构性调控变得非常有

---

① 1995年中共十四届五中全会首次系统阐述了改革、发展与稳定的关系,将其看作"正确处理社会主义现代化建设中的若干重大关系"中的第一个必须处理好的关系。

必要：首先，结构剧变意味着宏观调控基础的变化以及政策传导机制的变化，这可能会导致总量调控的失效；其次，快速结构变动引起要素回报的变化以及要素的流动，在价格信号不准确、不完善的情况下，易于导致结构性失衡，这使得结构性调控必不可少；再次，结构剧变与结构失衡，使得很多问题并不单纯是一个短期的宏观稳定问题，而是涉及短期宏观调控与中长期发展之间的协调，结构调整对于中长期的可持续发展而言尤为关键。

不同的结构问题会形成不同的结构性调控思路。

对于体制结构问题，鉴于经济转型还未完成，存在着双轨过渡，与之相应的是形成双轨调控的思想，即行政性调控与市场化调控并用。一方面，随着市场化改革的逐步推进，宏观调控体系的构建和发展一直坚持市场化导向，强调以经济和法律手段进行间接调控，但另一方面，传统的计划行政手段不断退却，但是从来都没有被完全抛弃，而是以某种形式最终融入宏观调控，形成了计划、财政和金融三位一体的宏观调控体系。其中，国有企业、地方政府与发改委在宏观调控中所发挥的作用，以及由此所体现出的市场化调控与行政性调控的结合，恰恰形成中国宏观调控的独特之处。

广义经济结构问题的存在，使得结构性调控与总量调控并重，有明显行政性干预色彩和结构性调控特点的产业政策、贸易政策、汇率政策、规制政策（如节能减排）、资本管制、严格的金融监管和平衡财政等政策，均为促进经济增长与宏观稳定发挥了重要作用。[1]

（三）改革、发展与稳定的三者统一

从本质上说，中国经济转型与发展的历程是改革、发展与稳定三者统

---

[1] 张晓晶、李成、常欣、张平：《后危机时代的中国宏观调控》，《经济研究》2010年第11期。

一的进程,而宏观调控则是正确处理改革、发展与稳定关系的重要抓手。尽管三者兼顾的办法可能会牺牲一点增长速度、付出一些短期成本,但最终却实现了中国30余年的长期持续增长。与片面强调快速的私有化和严格的财政纪律的休克式疗法相比,人们会发现,中国能够取得长期稳定增长的局面,恰恰是和坚持改革、发展、稳定的统一从而实施渐进的改革路径及因地制宜的宏观调控政策有着密切的关系。这种三维统一也与西方主流经济学强调效率的一维视角迥然相异。今后一个时期内,中国还将继续坚持这种三位的统一。习近平总书记在2014年7月8日的经济专家座谈会上指出,要"准确把握改革发展稳定的平衡点,准确把握近期目标和长期发展的平衡点,准确把握改革发展的着力点,准确把握经济社会发展和改善人民生活的结合点"。也正因如此,从改革、发展与稳定三者统一的视角解读中国的宏观经济管理体制改革历程,对于准确把握中国宏观调控体制的成因、特色、局限和未来改进方向,尤为关键。

(四) 战略规划与财政、货币政策并行

从宏观经济管理体制层面看,经过30余年的发展和演进,中国的宏观经济管理体制框架目前已经基本成型。从决策和实施机制角度看,在中国宏观调控体系中,最高决策者是中共中央财经工作领导小组和国务院,实施主体是"三驾马车",即国家发展和改革委员会、财政部、中国人民银行。在中国宏观调控的"三驾马车"中,国家发展和改革委员会是领头者、主导者,其职能覆盖了国民经济运行中的大部分宏观和微观领域,财政部和中国人民银行无论是制定政策还是实施政策都要受国家发展和改革委员会的指导和约束,经济政策要服从国家战略规划。没有国家发展和改革委员会批准立项,财政部的钱和银行贷款也无法变成投资。

这种三位一体的调控模式具有强烈的中国色彩,强调以"国家发展

战略和规划为导向、以财政政策和货币政策为主要手段,并加强财政政策、货币政策与产业、价格等政策手段协调配合",这比西方主流宏观经济学中的财政政策和货币政策要丰富得多。值得注意的是,现在连一些发达经济体也开始强调战略规划、产业政策,而不再像西方主流经济学那样把政府的这些做法看作是对市场的一种扭曲,可以说与中国的做法是暗合的。

◇◇宏观管理体制改革与宏观调控思想演变

宏观调控体制变迁与宏观调控思想演变是相互影响、相互促进的,二者的互动构成中国宏观管理沿革的基本动力。总结过去30余年中国宏观稳定化的经历,大体可以分成三个阶段:第一阶段是20世纪70年代末到90年代初的10多年,宏观调控开始引入并得到初步运用;第二阶段是90年代初到21世纪世纪初的10年,宏观调控体系初步成型;第三阶段是21世纪世纪初到中共十八大前的10年,宏观调控思想相对稳定。当前中国则处于十八大之后进入宏观调控的新常态阶段。

(一) "宏观调控"的引入及其与计划经济思想的碰撞(1978—1992)

在中国,宏观调控是伴随着经济体制转轨进程而出现的政府职能。

在马克思主义经典作家的论述中,消除资本主义经济周期和经济危机是共产主义社会的题中应有之义,这将通过有计划按比例的生产来实现。因此,有计划按比例成了计划经济的金科玉律。在20世纪50—70年代,中国的各类经济活动都受到中央计划的微观干预和控制,中央政府在经济金融资源配置中发挥着决定性作用。于是，一切经济问题都成为"宏观经济"问题，微观政策与宏观政策没有本质区别，现代宏观经济学意义上的总量调控和市场化调节政策既无操作空间，也无操作必要。以经济管理体制为例，国家计划委员会在资源配置中发挥着中央政府代理人的决定性作用，财政部只是配合计委进行资源配置的"出纳"，而中央银行充其量不过是财政部的"侍女"。1978年之前，中国只有中国人民银行一家银行，"文化大革命"期间，它还曾被短暂地并入财政部，成为其下属的主管货币事务的一些司局。在这种经济管理体制之下，财政政策与货币政策无从谈起。从这一历史起点上开始萌芽的中国宏观经济管理体制毫无疑问会带有转轨经济的过渡性特征，这也是中国宏观调控政策的目标之所以远远超出熨平经济总量波动范畴、结构性调控手段之所以频现的最重要体制背景。

随着计划经济在资源配置方面的低效率弊端日渐显现，正确认识和处理计划经济和市场调节的关系问题成为中国最高决策者关注的重要问题，中国在20世纪70年代末开启了由计划经济体制向市场经济体制的转轨进程，企业家精神随之逐渐被激发出来，企业开始在一定程度上能够自主进行微观经济决策，宏观经济与微观经济的差别也开始显现，在体制转轨进程中不断发展和完善宏观经济管理体制也就成为经济改革的题中应有之义。1978年，中国人民银行从财政部独立分设，标志着中国现代货币金融体系建设的开始。

在改革开放初期，计划经济与国有部门在国民经济中占据着绝对统治地位，"有计划按比例"仍是政府管理经济的主导思想。面对1980年CPI上涨7.5%的经济过热态势，中央政府宏观调控的手法主要是行政命令：压缩基建规模、减少财政支出、加强银行信贷管理、冻结企业存款。从宏观经济管理体制上看，直至1984年，中国人民银行依然集中央银行、商业银行、政府行政机关的职能于一身，在这样的体制基础上讨论货币政策的制定与实施，仍是缘木求鱼。

在经济管理理念层面，在1982—1985年期间，市场的作用得到了官方一定程度的认可。1982年十二大报告正式提出要"贯彻计划经济为主、市场调节为辅原则"。相应的，"有计划按比例和综合平衡"思想中的"有计划"被逐渐弱化，实际上成为"按比例和综合平衡"。比如，1985年《中共中央关于制定国民经济和社会发展第七个五年计划的建议》指出："坚持社会总需求和总供给的基本平衡，使积累和消费保持恰当的比例。……做到国家财政、信贷、物资和外汇的各自平衡和相互间的综合平衡。"在市场逐步介入和计划逐步淡出的领域，政府的角色定位就成为关键问题。此时，由于对计划体制下直接行政管理的弊端深有体会，决策层对宏观调控的设想主要是使用经济杠杆进行间接调控。市场化间接调控的理念正是在此时萌芽的。比如，1984年《中共中央关于经济体制改革的决定》指出："越是搞活经济，越要重视宏观调节，……我们过去习惯于用行政手段推动经济运行，而长期忽视运用经济杠杆进行调节。"

在市场化宏观调控思想的指导下，中国人民银行于1984年1月1日起，专门行使国家的中央银行职能，它的一般工商信贷业务被剥离出来，交由新设立的中国工商银行承担。随后，存款准备金制度也于1985年建立。这些宏观经济管理体制改革的推出，标志着货币政策在中国开始具有了其原始形态。然而在彼时，由于中国人民银行的操作对象只有储蓄、信贷和现金发行，"货币"这一名词还没有出现在中国经济理论与政策的语汇当中，如此也就很难说中国已经拥有真正意义上的货币政策了。

在学习西方发达经济体宏观经济管理经验、确定中国宏观调控的若干重大政策取向等方面，1985年9月由中国社会科学院、国家经济体制改革委员会和世界银行共同主办的"宏观经济管理和改革国际研讨会"（史称"巴山轮"会议）具有里程碑式的意义，多位世界级经济学家和部分中国经济官员、经济学家与会。会议形成了以下几点共识：

第一，在微观经济放活以后，政府对宏观经济的管理，应从原来的直接管理计划管理转变为间接管理为主,即主要运用经济和法律手段辅之以行政手段进行管理。这也是宏观经济管理体制改革的主要内容。

第二,宏观经济管理的经济手段主要是实行适当的财政政策和货币政策。一般来说,在宏观经济过热即总需求大于总供给时,宜实行紧缩的宏观经济政策,收紧财政和信贷;而在宏观经济过冷即总供给大于总需求时,宜实行扩张性的宏观经济政策,财政打赤字,信贷扩张。其根本要义是根据宏观经济形势变化实施不同的财政政策和货币政策,并实现两者之间的很好搭配。在1985年的中国,由于面临发生严重通货膨胀的危险,其治理之道是应当采取紧缩性的财政、货币、收入的政策。

第三,宏观控制下的市场协调机制有利于资源的优化配置,是最富效率的体制,可作为中国选择中长期改革目标的重要参考。这同1979年以后市场取向改革是一致的,为此必须对以指令性计划为主要标志的计划经济体制进行根本的改革。

第四,为使政府对宏观经济的间接管理有效,就要深化国有企业改革,发展非公有制经济,使每一个企业成为独立的市场主体,即能对市场信号特别是利率、汇率、价格等信号作出灵敏反应,并相应调整自身行为的利益主体。为此,国有企业要改变软预算约束状态,不要一只眼睛盯住市场,另一只眼睛盯住政府。

第五,要建立一个有效的宏观经济管理体系,还需要建立和完善市场体系,特别是建立和完善金融市场和劳动力市场,要积极地改革价格形成机制和价格体系,建立健全经济信息和经济监督系统;完善收入分配政策,防止消费需求过度膨胀;等等。

以上共识对中国的宏观调控政策产生了重要影响,其中的部分核心观点被中国决策者采纳。1985年《中共中央关于制定国民经济和社会发展第七个五年计划的建议》确立了经济改革"初战阶段"采取稳健的宏观经济政策,以便为改革的顺利推进创造条件的方针,并明确提出"国家对企业的管理逐步由直接控制为主转向间接控制为主,主要运用经济手段和法律手段,并采取必要的行政手段,来控制和调节经济运行"。

与上述宏观调控思想一致,在应对 CPI 上涨 9.3% 的 1985 年经济过热局面时,政府在压缩投资规模、控制消费基金的同时,连续两次调高利率,采取紧缩性的货币政策,在治理手法中引入经济措施。不过这次宏观调控措施未能完全执行到位,为下一次过热埋下了伏笔。

在上一次紧缩性宏观调控措施没能实施到位的同时,1987 年中期,对国有企业的"放权"改革发展到了全面"承包制"阶段,因而,1987 年经济再次出现过热征兆。1988 年的"价格闯关"更使情况急剧恶化,出现了严重的挤兑和抢购风潮。全年居民消费价格指数上涨 18.8%,形成了改革开放后的第三次通货膨胀。政府从 1988 年第三季度开始急剧压缩固定资产投资规模,停止审批计划外建设项目;清理整顿公司,尤其是信托投资公司;控制社会集团购买力;强化物价管理,对重要生产资料实行最高限价。央行也采取了紧缩性的货币和信贷政策,包括严格控制和检查贷款,一度停止了对乡镇企业的贷款;提高存款准备金率;两次提高利率;实行保值储蓄。由于措施严酷,调控很快见效。货币供给增长率明显放缓,CPI 迅速回落,经济增长率也滑落到 4% 左右。这次调控的另一后果是导致了改革开放以来的第二个失业高峰。总之,这次调控的结果是国民经济出现"硬着陆"。

这一时期也是计划经济思想和市场经济思想在宏观调控领域激烈碰撞的时期,计划经济的按比例、综合平衡思想与市场化的间接调控思想并存,可以说是一个思想大杂烩的阶段。特别是在经济剧烈波动和政治风波的冲击下,行政性调控的思想有所抬头,市场调节只是政府宏观调控的辅助手段。1987 年十三大报告提出"国家调节市场,市场引导企业"的机制,政府依旧是资源配置和宏观经济运行的最终操控者,市场和企业只是经济舞台上的表演者。1990 年十三届七中全会通过的《中共中央关于制定国民经济和社会发展十年规划和"八五"计划的建议》中的一段论述也能体现这一特点:"国家经济管理的主要任务,是合理确定国民经济发展的计划、规划和宏观调控目标,制定正确的产业政策、地区政策和其他经济政策,做好综合平衡,协调重大比例关系,综合配套地运用经济、法律和行政手段引导和调控经济的运行。"

(二) 宏观调控体系初步成型与"软着陆"(1993—2002)

在经历了三年治理整顿,以及随后的"南方谈话"和十四大之后,中国经济在1993—1994年又迅速启动,并很快步入新一轮过热。这次过热被总结为"四热、四高、四紧、一乱"①。国内经济理论界在此次经济过热的确认上产生了激烈争论。1993年6月在大连召开的继巴山轮会议之后的又一次里程碑式的国际研讨会——"中国宏观经济管理国际研讨会",对当时的宏观调控取向产生了重要影响。此次"大连会议"筹备半年有余,邀请了诺贝尔经济学奖获得者莫迪利亚尼、伦敦经济学院教授斯特恩、斯坦福大学教授刘遵义和被誉为"台湾经济奇迹重要推手"的李国鼎与会。"大连会议"提出了提高存贷款利率至正利率水平、推行信贷额度限制、价格改革等多项一揽子改革措施。会后,朱镕基又专门会见了李国鼎。李国鼎提出了确定中央与地方税收之合理比例关系、整顿中央银行、汇率并轨、加入IMF等建议。在推进全面经济改革的关键时期,大连会议讨论形成的主导性意见成为制定政策的重要参考。会议结束之后不久,几经反复和商讨,国务院最终形成6月24日下发的16条即《关于当前经济情况和加强宏观调

---

① "四热"是:房地产热、开发区热、集资热、股票热;"四高"是:高投资膨胀、高工业增长、高货币发行和信贷投放、高物价上涨;"四紧"是:交通运输紧张、能源紧张、重要原材料紧张、资金紧张;"一乱"是:经济秩序混乱,特别是金融秩序混乱(刘国光、刘树成:《论"软着陆"》,《人民日报》1997年1月7日)。

控的意见》。"16条"实施半年后，效果初显。新开工项目开始减少，货币供应量增速明显回落，乱拆借、乱集资的口子基本被堵住。值得关注的是，"16条"措施中有13条是经济手段，强调的是强化间接调控，更多地采取经济手段、经济政策和经济立法，是市场经济条件下宏观调控方式变革的实践。在社会主义市场经济体制目标确立后，这次以经济手段为主的间接调控可称"第一次应试"。这是一个良好的开端，也为此后系列宏观领域改革方案的出台创造了条件。1993年11月召开的中共十四届三中全会通过了《中共中央关于建立社会主义市场经济体制若干问题的决定》，该《决定》提出了国有企业、财税、金融、投资体制等方面的改革措施，试图通过深化改革来消除过热的制度根源。"16条"和《决定》的效果逐步显露出来，到1996年，CPI走势趋于平稳，经济增长率仍维持在高位，经济实现了"软着陆"。刘国光、刘树成指出，1993年下半年以来政府以治理通胀为首要任务的宏观调控取得成功，国民经济运行实现"软着陆"。[①]"软着陆"是在政府及时削峰、适度从紧、适时微调、抓住主线的正确方针下实现的。

除了宏观政策取向和操作手段层面的变化之外，这一时期在宏观经济管理体制层面的改革也同样具有标志性意义。1994—1998年期间的几个重大改革事件催生了中国的现代宏观经济政策体系。这些事件包括：财政体制进行分税制改革，金融体制改革明确中央银行的地位和任务，首次确定并公布货币供应指标体系，实现政策性银行和商业银行的分离，实现外汇管理的浮动汇率制度，取消贷款额度限制，等等。这一系列改革举措的实施使得宏观经济学意义上的财政政策和货币政策的实施成为可能，从而初步形成了计委、财政部门和中央银行相互配合的中国特色宏观调控体系，政府的宏观调控能力得到加强。此后，中国的宏观调控政策操作逐渐摆脱传统计划体制的桎梏，转向了以间接调控为主的新格局。

[①] 刘国光、刘树成：《论"软着陆"》，《人民日报》1997年1月7日。

1997年，中国宏观经济形势发生了重要转变：由过去较长时期的供给不足变成阶段性有效需求不足，再加上亚洲金融危机的外在冲击，经济衰退和通货紧缩成为现实威胁，启动经济较诸以前似乎更为困难。从1998年开始，政府宏观调控的主题变为扩大内需，实施"积极的财政政策"和"稳健的货币政策"，总需求管理成为宏观调控的主要抓手。由于国有商业银行的不良资产比例偏高、亚洲金融危机造成的国际金融动荡等原因，货币政策的实施颇多掣肘，因而财政政策在此次调控中扮演主要角色。决策层意识到，只要财政偿还债务的能力有保障，实施积极的财政政策就是扩大内需最直接和有效的手段。[1] 下面一段话十分清晰地体现了决策者的思维逻辑："我们采取加强基础设施建设、扩大财政投资的办法，……公路、铁路、环保、城市建设等，这些不是重复建设。……这些建设回报期长，只能靠国家来投资。……这样就可以把过剩的生产力利用起来。这个思路在去年[2]就形成了。这种由国家采取扩张性财政政策、通过扩大需求来促进经济发展的理论，发明者是凯恩斯，开始执行者是罗斯福。政府的钱如何用好，有艺术。[3]"

总的说来，从1993年软着陆开始一直到2003年启动新一轮调控之前，这10年是社会主义市场经济体制下的中国宏观调控体系初步成型时期。从体制改革方面来说，这一时期计划和市场的关系问题获得了彻底解决。市场在资源配置中的基础地位得到正式确认，计划则一退再退，其部分功能逐步被纳入宏观调控的范畴，成为宏观调控的重要手段之一。最终，计划、金融和财政各有分工，三位一体的宏观调控体系初步成型。这一阶段的宏观调控注重改革措施和调控措施的相互配合，很好地将改革、发展与稳定统一在一起。

---

[1] 2000年《政府工作报告》。

[2] 指1997年，笔者注。

[3] 引自《关于当前经济形势的若干问题（1998年10月20日）》，载《朱镕基讲话实录（第三卷）》。

(三) 宏观调控思想相对稳定（2003—2012）

决策层一直密切关注财政风险。2003 年《政府工作报告》指出："坚持财政收支平衡和量入为出，是经济工作应当遵循的重要原则。这几年实施积极的财政政策，发行长期建设国债，是在特定情况下实行的特殊政策。我们始终坚持经常性预算不打赤字，建设性预算赤字不突破年初确定的规模。"在货币和金融政策方面，中央政府出台了金融机构分业经营、贷款五级分类、清理整顿非银行金融机构等一系列措施，积极防范金融风险。决策层认识到，化解金融风险可以为日后发挥货币政策的作用创造条件。[①]

在加强总需求管理的同时，国有企业与宏观调控的关系成为宏观经济管理体制改革的一个重点问题。1999 年，十五届四中全会通过的《中共中央关于国有企业改革和发展若干重大问题的决定》，为国企改革和宏观调控之间的关系做了很好的说明。该《决定》认为，首先，宏观调控要"保持经济总量基本平衡。扩大内需，开拓城乡市场，增加就业，促进国民经济持续快速健康发展，防止经济增长的大幅度波动，为国有企业发展创造有利的宏观经济环境"。其次，"国有经济在关系国民经济命脉的重要行业和关键领域占支配地位，支撑、引导和带动整个社会经济的发展，在实现国家宏观调控目标中发挥重要作用"。也就是说，一方面，宏观调控要为国企改革和发展创造稳定的宏观环境；另一方面，国企要在实现政府宏观调控目标方面发挥作用。

2003 年之后，在基本政策框架层面上，决策层的宏观调控思想已经相对稳定，没有发生重大变化；在具体操作层面上，政府对宏观调控越来

---

① 2000 年《政府工作报告》："深化金融改革，整顿金融秩序，强化金融监管和法治，防范和化解金融风险，努力提高经营效益，为进一步发挥货币政策的作用创造良好条件。"

重视，操作经验越来越丰富，宏观调控的内涵也似乎越来越广泛。2003—2012年之间，中国宏观调控理念和机制方面有三个要点值得关注。

第一，特别注重在繁荣期实施紧缩性的适度预调。比如，2004年的《政府工作报告》就指出："在调控中，注意适度微调和区别对待。……搞好宏观调控，既要保持宏观经济政策的连续性和稳定性，又要根据经济形势发展变化，适时适度调整政策实施的力度和重点。适时，就是把握好调控措施出台的时机，见微知著，防患于未然；适度，就是松紧得当，不急刹车，不一刀切。"这表明，与发达经济体放弃反周期调节方略，转而采取自由放任政策不同，中国宏观调控决策者力图更为彻底地打造出凯恩斯的世界：在微观层面上发展私有经济、放开价格、鼓励竞争的同时，在宏观层面上坚决采取反周期的政策干预，熨平经济波动。

第二，直接的行政手段仍然发挥着巨大作用，在目前的宏观调控体系中必不可少。比如，2005年的《政府工作报告》指出，要"严把土地审批和信贷投放两个闸门，控制投资需求膨胀，遏制部分行业盲目投资和低水平重复建设"。2007年《政府工作报告》指出，"加强和改善宏观调控。重点是控制固定资产投资和信贷规模，在优化结构中促进经济总量平衡"。2007年的十七大报告则明确提出要"发挥国家规划、计划、产业政策在宏观调控中的导向作用"。可见中国决策者始终坚持结构性工具与总量工具并重、行政性调控手段与市场化调控手段并用的办法。这是因为，中国既是发展任务繁重的发展中国家，同时又面临诸多体制改革难题，调控工具箱里多放几种备用工具总能多解决一些问题。

第三，决策者对宏观调控内涵的理解比较宽泛，"宏观调控"成为与"市场机制"相对立的一个概念，泛指政府出台的各类弥补市场失灵的重大决策，既包括宏观稳定政策，也包括微观规制政策。换言之，决策者将政府等同于宏观，将政府所有管理经济社会的职能都视为宏观调控，宏观调控也由此成为政府干预的代名词。2011年的《政府工作报告》指出："健全的市场机制,有效的宏观调控,都是社会主义市场经济体制不可或缺的重要组成部分。市场作用多一些还是政府作用多一些,必须相机抉择。在应对国际金融危机冲击中,我们加强和改善宏观调控,及时纠正市场扭曲,弥补市场失灵,防止经济出现大的起落,实践证明是完全正确的。"

(四) 新常态下的宏观调控 (2013—)

2013年以来,在要素成本提高、后发优势缩小、全球化红利减少、主导产业从制造业向服务业转移等重大结构性因素的共同作用下,中国经济的潜在增长率已经持续降低,中国的宏观经济运行也由以往的"结构性加速"阶段转入以"结构性减速"为主要特征的新常态。处在经济新常态,要继续保持经济持续健康发展,从宏观调控方面来说,就是把握好潜在经济增长率下降的幅度,适时适度调整宏观政策取向,防止经济增速大幅度下降。相应的,中国宏观经济运行的指导方针正从以往的"平稳较快"转变到"稳速增效"上来。所谓"稳速",就是将经济增长速度稳定在合理区间(潜在增长率区间),并依据它的趋势变化进行增速目标调整,宏观经济政策绝不刻意追求超越潜在增长率。在这样相对稳定、宽松的宏观环境中,我们有条件推动全面、深入的结构调整战略,将科学发展观落到实处。所谓"增效",就是将提高质量、降低成本和提升劳动生产率置于更为重要的位置,并借此改善国民收入分配格局,防范金融风险。稳速增效的核心,就是用质量和效益的提高来弥补经济增长速度下降的缺口,进一步强化国民财富的积累,提高人民的福祉。与此相对应,中国宏观调控政策的着力点,正从以往的高度倚重总需求管理,转变到合理运用需求管理、全面加强供给管理,加强财政政策、货币政策与产业、价格等政策手段协调配合上来。当经济运行逼近上下限时,总需求管理仍要发挥熨平波动的基础性作用,但是当经济运行保持在合理区间内时,供给管理则应成为宏观政策提质增效的主要抓手。供给管理固然离不开产业政策的调整，但其核心要义却正在于实施激发企业和市场活力的体制改革，厘清政府与市场的关系，更多地鼓励企业家利用市场机制去实施结构调整、打破旧有均衡、实现新均衡，从而创造并获取新的改革红利，切实改善中国经济的供给效率，实现实实在在和没有水分的经济增长。这些新变化势必要求推动，促进宏观调控体制的进一步改革。

随着中国经济进入新常态，宏观调控呈现出新特点。从决策层来看主要强调了以下几点：保持定力，稳中求进；微观搞活、宏观稳定、社会托底；区间调控、定向调控；寓改革于调控之中；宏观调控政策统筹协调机制建设；推进宏观调控目标和政策制定机制化；等等。这些可以说都是新常态下的宏观调控方式创新。

◇宏观管理体制改革的基本逻辑

推动中国宏观管理体制改革的力量是多重的，包括决策者理念的变化、体制结构的演变、经济发展阶段的变化、内外部宏观经济波动的冲击，等等。正是这些因素推动着宏观调控体制发生变革并逐步走向成熟和完善。

其一，决策者理念的变化是推动宏观调控体制变革的直接因素。

从1979年到1997年，决策层的宏观调控思想发生了巨大的变化，从"有计划按比例和综合平衡"到"国家调节市场、市场引导企业"，再到"要使市场在社会主义国家宏观调控下对资源配置起基础性作用"，这一变化直接在制度层面影响着宏观调控手段的变化：市场化调控手段从不被接受到被认可再到占据主导地位，计划手段虽被不断分化和消解但仍被部分保留下来，最终形成了社会主义市场经济体制下的新型宏观调控体系。

从1998年至2012年，这一体系的基本框架大体保持稳定，又有一些新的发展和完善。决策层对积极财政政策的功效、繁荣期调控的必要性、行政性调控的适用性等问题有了更清晰的认识，调控技巧日趋成熟，也积累了大量宝贵经验。"三位一体"的调控模式基本成型。2013年，决策层的宏观调控理念又有新的变化，彰显了经济进入新常态后的宏观调控创新，这包括：突出提质增效、注重供给管理；保持定力，稳中求进；微观搞活、宏观稳定、社会托底；区间调控、定向调控；寓改革于调控之中；宏观调控政策统筹协调机制建设；以及推进宏观调控目标和政策制定机制化；等等。

其二，体制转轨进程成为影响宏观调控体制变革的根本力量。

为了使得从计划体制向市场体制的过渡进程平稳顺利地完成，提供一个比较稳定的宏观经济环境殊为必要，宏观稳定是完成改革的必要前提。中国体制转轨的渐进式推进使得经济结构发生变化，国有部门与非国有部门、计划与市场两种力量同时并存，双轨调控必不可少。一方面，随着市场化改革的逐步推进，市场化的力量逐渐壮大，决策层也相应地将市场化手段作为宏观调控的主要工具，宏观调控体系的构建和发展也一直坚持市场化取向，强调以经济和法律手段进行间接调控。另一方面，由于中国经济体制仍处于转轨过程之中，传统的计划手段虽然不断退却，但是从来都没有被决策者完全抛弃，而是以某种形式最终进入宏观调控，成为决策者手中备选的政策工具之一。计划和市场在宏观调控的大旗下有机地结合在一起，最终形成了计划、财政和金融三位一体的宏观调控体系。其中，国有企业、地方政府与发改委在宏观调控中所发挥的作用，以及由此所体现出的市场化调控与行政性调控的结合，恰恰形成中国宏观调控的独特之处。

其三，发展阶段变化所导致的经济结构变迁也对中国的宏观调控产生重要影响。

各种不同类型的经济结构问题的存在，要求政府必须有不同类型的政策工具去分门别类地逐一加以解决，这就使得结构性调控与总量调控并重，一些典型的结构性调控性政策如产业政策、贸易政策、汇率政策、资本管制甚至规制政策等，均进入政府宏观调控的常备工具箱中。

值得指出的是，当前的宏观调控体制还存在体现经济发展质量和效益、居民生活改善和生态建设等方面的指标仍然不足，政策之间效果抵消或负面效应叠加时有发生，调控决策及其实施的规范化、机制化建设滞后，政策传导机制不畅，宏观调控政策实施的法律保障和权威性、执行力不足等。这些问题的存在，影响了宏观调控的科学性、有效性。因此，今后一个时期，中国要按照中共十八届三中全会提出的要求，全面深化改革，转变政府职能，构建更高效的、以间接的市场化手段为主要工具的中国特色宏观调控体系夯实体制，使其能够适应"市场在资源配置中发挥决定性作用"总目标的需要。具体而言，在宏观经济管理体制改革方面要重点推进以下几项工作：①健全以国家发展战略和规划为导向、以财政政策和货币政策为主要手段的宏观调控体系，加强财政政策、货币政策与产业、价格等政策手段协调配合；②推进宏观调控目标和政策制定机制化；③加快形成参与国际宏观经济政策协调的机制；④深化投资体制改革，确立企业投资主体地位；⑤完善发展成果考核评价体系。

尽管中国的宏观调控体系有自己的特色和优势，调控绩效也比较好；然而正是由于体制转轨进程尚未完成，在调控中采取种种行政性手段在一定程度上也是在体制改革未能完全到位、市场化调控传导机制不畅通的状况之下的无奈之举。虽然短期内使用这些非市场化手段能够快速有效地动员资源，应对外部冲击；但从长期和全局看，过度依赖行政性手段容易产生诸多方面的负面效应，包括阻碍市场机制在资源配置上发挥基础性作用、加大财政风险、扭曲经济结构、滋生腐败、形成新的经济波动源泉，等等。中国宏观管理体制还处在不断的变革中，不能因为人家要来学，自己就满足或止步不前。实际上,中国宏观调控的一些特色,往往是特定发展阶段与体制结构下的产物,要把这种特殊性与真正值得国际社会借鉴的一般性中国宏观管理经验区分开。特别是,要明确哪些是会随着体制的变迁——如市场在配置资源中发挥决定性作用——被淘汰的,而哪些是与体制变迁相吻合从而跟得上时代步伐的。这也构成未来中国宏观管理体制改革的基本逻辑。

第 六 章

体制转轨与发展转型

中国在过去 30 多年中，始终以经济建设为中心，紧紧围绕经济发展进行改革，通过制度调整为经济发展提供新的激励和行为约束，不断解放和发展生产力，并将经济绩效改善和民众福利改进作为改革得失成败的评判标准。在围绕经济发展进行改革的同时，还不断拓展和深化发展的外延与内涵，逐渐形成了包括经济发展、社会发展、人与自然协调发展和人的全面发展在内的"四位一体"的现代发展架构，同时着眼于经济发展方式的转变，并以此推动改革不断向纵深前行。

◇◇ 改革的发展导向

改革以发展为目的，这里的"发展"首先是经济发展，这是所有发展的基础。中国在改革开放之初就明确以经济建设为中心，把经济发展放在首位，这是在总结历史经验教训基础上提出来的。邓小平曾经指出，"中国解决所有问题的关键是要靠自己的发展"[1]，"发展才是硬道理"[2]。围绕经济发展问题，中国正确确定了发展的道路——中国特色社会主义道路，发

---

[1] 《邓小平文选》第 3 卷，人民出版社 1993 年版，第 265 页。
[2] 同上书，第 377 页。

展的阶段——社会主义初级阶段,以及发展的战略——"三步走"战略。

"三步走"战略本身也是在不断发展的。邓小平最初提出的"三步走"战略是:从1981年到1990年为第一步,实现国民生产总值翻一番,解决人民的温饱问题;从1991年到2000年为第二步,实现国民生产总值再翻一番,使人民过上小康生活;第三步是到21世纪中叶,人均国民生产总值大体上达到中等发达国家水平,人民生活比较富裕,基本实现现代化。1996年八届人大四次会议通过的《关于国民经济和社会发展"九五"计划和2010年远景目标纲要》提出5年和15年内的主要奋斗目标是:第一,"九五"时期,全面完成现代化建设的第二步战略部署,到2000年,人口控制在13亿以内,实现人均国民生产总值比1980年翻两番;第二,基本消除贫困现象,人民生活水平达到小康;第三,加快现代企业制度建设,初步建立社会主义市场经济体制,为下个世纪开始实施的第三步战略部署奠定更好的物质技术基础;第四,2010年,实现国民生产总值比2000年翻一番,人口控制在14亿以内,人民的生活更加宽裕,形成比较完善的社会主义市场经济体制。1997年中共十五大提出的"新三步走"战略是:第一步,21世纪第一个十年,实现国民生产总值比2000年翻一番,使人民的小康生活更加富裕,形成完善的社会主义市场经济体制;第二步,再经过十年的努力,到建党一百周年时,使国民经济更加发展,各项制度更加完善;第三步,到21世纪中叶建国一百周年时,基本实现现代化,建成富强、民主、文明的社会主义国家。2002年中共十六大进一步提出,新世纪头20年,在优化结构和提高效益的基础上,国内生产总值到2020年力争比2000年翻两番,全面建设惠及十几亿人口的更高水平的小康社会。2007年中共十七大将"翻两番"的目标由"总量"变为"人均",提出在优化结构、提高效益、降低消耗、保护环境的基础上,实现人均国民生产总值到2020年比2000年翻两番。2012年中共十八大对经济社会发展和全面建设小康社会提出了新的更高要求,提出在发展平衡性、协调性、可持续性明显增强的基础上，实现国内生产总值和城乡居民人均收入比 2010 年翻一番。这是在党的历次报告中，首次将城乡居民收入翻番作为明确的战略目标进行部署，体现了科学发展的理念，特别是以人为本的思想；也体现了在追求国富与民富平衡发展上的新诉求。

要发展就必须改革。邓小平明确指出，所有改革都是为了一个目的，就是革除那些不适应生产力发展要求的生产关系和上层建筑，为生产力发展扫除障碍，这就是解放生产力的问题。他还深刻阐述了改革与发展之间的内在联系：改革是发展的直接动力和坚实基础，只有改革才能排除生产力发展的障碍，而发展则是所有改革要达到的目的，离开发展，改革就失去了意义。

30 余年来，中国围绕经济发展过程中出现的问题，着力在微观经济基础、市场体系建设、政府管理体制特别是宏观经济管理体制、分配制度和社会保障制度等方面进行改革，从而为经济发展开辟了广阔的空间。①在经济增长方面，GDP 总量和人均 GDP 显著增加。1978—2013 年间，中国 GDP 总量由 3645 亿元增加到 568845 亿元（根据国家统计局发布的初步核算结果，2014 年国内生产总值 636463 亿元），按可比价格计算增长 25 倍；GDP 总量在世界上的排位，由 1978 年的第十位上升到 2010 年以来的第二位；人均 GDP 由 381 元增加到 41908 元，按可比价格计算增长 17 倍。中国分别于 1995 年和 1997 年提前实现了国民生产总值和人均国民生产总值比 1980 年翻两番的目标，2007 年又提前实现了国民生产总值比 2000 年翻一番的目标。②在经济结构调整方面，工业化和城镇化稳步推进。1978—2013 年间，第一产业增加值和就业比重分别从 28.2% 和 70.5% 下降到 10% 和 31.4%，第三产业增加值和就业比重则分别从 23.9% 和 12.2% 上升到 46.1% 和 38.5%（根据国家统计局发布的初步核算结果，2014 年第三产业增加值占国内生产总值的比重进一步提高到 48.2%）。从有统计记载的 1990 年以来的情况看，第二产业对国民经济的贡献率和拉动率基本都在三次产业中居首位，并基本上占一半甚至更多的份额。1978—2013 年间，人口城镇化率由 17.92% 上升到 53.73%，提高了 35.81 个百分点，平均每年增加 1.02 个百分点。从绝对数看，城镇人口增加了 55866 万人，平均每年增加 1596 万人（根据国家统计局在 2014 年国民经济运行情况新闻发布会上披露的最新信息，2014 年末城镇常住人口 74916 万人，比 2013 年末增加 1805 万人，城镇人口占总人口的比重进一步提高到 54.77%）。③在居民福利水平方面，收入成倍增长，生活从温饱不足发展到总体小康。1978—2013 年间，城镇居民年人均可支配收入由 343.4 元增长到 26955.1 元，农村居民年人均纯收入由 133.6 元增长到 8895.9 元，按可比价格计算分别增长了 11.3 倍和 11.9 倍（根据国家统计局在 2014 年国民经济运行情况新闻发布会上披露的最新信息，2014 年城镇居民人均可支配收入 28844 元，扣除价格因素实际增长 6.8%；农村居民人均纯收入 9892 元，扣除价格因素实际增长 9.2%）；农村居民家庭恩格尔系数和城镇居民家庭恩格尔系数分别由 67.7% 和 57.5% 下降到 37.7% 和 35%；在（绝对）贫困标准由年人均纯收入 100 元提高到 1274 元的同时，农村极端贫困人口从 2.5 亿人减少到 8249 万人，贫困发生率由 1978 年的 30.7% 下降到 2013 年的 8.5%，国际社会对于中国的减贫成效给予了较高的评价。

中国过去 30 多年将经济转型与经济发展有机结合的成功模式逐渐受到国际舆论界与学术界的关注。2004 年，英国著名思想库伦敦外交政策中心发表了美国高盛公司政治经济问题高级顾问乔舒亚·库珀·雷默关于"北京共识"的论文，试图概括和总结中国 20 多年持续改革基础上推动经济发展的全新模式，以区别建立在"华盛顿共识"之上的"拉美发展模式"、俄罗斯转型中的"休克疗法"以及部分的"东亚发展模式"。尽管对"北京共识"这一概念还需要更深入的探讨和更系统化的提升，但它的提出至少从一个侧面反映了国际社会对中国"围绕经济发展进行改革，用经济转型推动发展"这一模式的肯定。

◇ 发展内涵的演进与新改革观的升华

改革以发展为目的，这里"发展"的外延和内涵是随着对发展理论认识的深化和发展实践的变化而不断拓展和深化的。从国际上发展理论的演进中，可以发现如下的基本脉络。

（一）经济增长论

"第二次世界大战"后兴起的发展经济学，最初主要研究落后国家如何追赶发达国家，因此主要强调经济总量的增长，把发展等同于经济增长。1955年刘易斯（Lewis）的《经济增长理论》和1960年罗斯托（Rostow）的《经济增长阶段》等早期发展经济学的著作中，都把国民生产总值及人均国民收入的增长作为评判发展的首要标准甚至是唯一标准。但实践中"无发展的增长"却表明了发展与增长之间的巨大差异。1966年克劳尔（Clower）曾以"无发展的增长（growth without development）"为主题发表了他对利比亚经济研究的论著。他发现，利比亚的人均国民收入虽有大幅度提高，但这主要是由于外国公司投资开发石油并出口到欧美造成的，利比亚的技术标准、人力资本积累和其他部门的生产并没有因此而发生任何改变，而且，因石油出口而增加的收入并没有提高全体国民的生活水平，而是拉大了贫富差距。[①] 1996年联合国开发计划署（UNDP）发表的《人类发展报告》集中讨论了经济增长与人类发展的关系，并指出了五种有增长而无人类发展的情况：①无工作的增长（jobless growth），指经济增长未能

---

① Clower, R. W., 1966, *Growth Without Development: An Economic Survey of Liberia*, Northwestern University Press.

提供足够多的就业机会，甚至恶化了就业形势；②无声的增长（voiceless growth），指经济增长未能扩大公众参与和管理公共事务、自由表达自己的意见和观点的可能性；③无情的增长（ruthless growth），指经济增长导致了收入分配不平等格局的恶化，财富的扩大甚至带来了新的贫困阶级；④无根的增长（rootless growth），指经济增长对文化多样性造成的破坏，导致本土文化的危机以及民族冲突的发生；⑤无未来的增长（futureless growth），指经济增长对生态、资源和环境造成的破坏，影响了经济增长的可持续性。[1]

（二）经济、社会综合协调发展理论

20 世纪 60 年代前后，随着社会矛盾的突出，发展理论增加了对"社会结构和社会问题"的关注，认为发展是经济社会各方面综合协调发展的系统工程。1965 年辛格（Singer）在《社会发展：主要增长部门》一文中较早地提出了关于社会发展的概念，并强调应更重视社会发展的各个方面——教育、健康、营养等。他认为："不发达国家存在的问题不仅仅是增长问题，还有发展问题。发展是增长加变化，而变化不单在经济上，而且还在社会和文化上，不单在数量上，而且还在质量上……其主要概念必定是人民生活质量的改善。"[2] 1967 年阿德尔曼和莫里斯（Adelman and Morris）在合著的《社会、政治和经济发展：数量方法》中提出应从经济、社会和政治因素互动的角度来理解发展。他们采用经济学家很少采用的因素

---

[1] United Nations Development Program, 1996, *Human Development Report*, New York: Oxford University Press.

[2] Singer, H. W., 1965, "Social Development: Key Growth Sector", *International Development Review*, 7 (1): 5.

分析法，发现了若干重要社会政治变量与经济发展水平之间的相关关系。[1] 1969 年西尔斯（Seers）在《发展的含义》一文中强调发展的目的应是减少贫困、不平等和失业。在这篇提交国际发展协会第 11 届世界大会的论文中，他说："就一个国家发展而言，可以提出如下问题：对于贫穷发生了什么改变？对于失业发生了什么改变？对于不平等发生了什么改变？如果所有这三个方面都从过去的高水平降下来了，无疑这个国家就经历了发展。如果这三个中心问题中的一个或两个方面的状况继续恶化，特别是在三个方面都越来越糟的话，即使人均收入成倍地增长，把这种结果称作'发展'也是不可思议的。"[2] 1970 年联合国社会发展研究所（UNRISD）在其重要成果《社会经济发展的内涵与测度》中主张发展应是经济增长与社会变革的统一，并建立了由 16 个核心要素构成的社会经济发展指标。[3] 1977 年托达罗（Todro）在《第三世界的经济发展》一书中指出："发展不纯粹是一个经济现象。从最终意义上说，发展不仅仅包括人民生活的物质和经济方面，还包括其他更广泛的方面。因此，应该把发展看为包括整个经济和社会体制的重组和重整在内的多维过程。"[4] 基于上述新的发展理念，这一时期，世界各国广泛开展了"社会指标"运动。

（三）可持续发展理论

20 世纪 70 年代前后，随着人口、资源、环境压力的增大，发展理论又

---

[1] Adelman, I. and Morris, C. T., 1967, *Society, Politics and Economic Development—A Quantitative Approach*, Baltimore, Md.: Johns Hopkins University Press.

[2] Seers, D., 1969, "The Meaning of Development", *International Development Review*, 11 (4): 3–4.

[3] United Nations Research Institute on Social Development, 1970, *Contents and Measurements of Socioeconomic Development*, Geneva: UNRISD.

[4] Todaro, M. P., 1977, *Economic Development in the Third World*, Longman.

增添了"可持续发展"的内容，将"协调"的理念扩展到代际。1972年，美国麻省理工学院的梅多斯（Meadows）等组成的研究小组，提交了罗马俱乐部（The Club of Rome）成立后的第一份研究报告《增长的极限》，深刻阐明了经济增长与资源环境相协调、人与自然之间和谐发展的观点。报告认为：由于世界人口增长、粮食生产、投资增长、环境污染和资源消耗这5项基本因素的运行方式是按指数增长而非线性增长，因此世界经济增长将会于今后100年内的某个时期达到极限。避免因超越自然生态极限而导致世界崩溃的最好方法就是限制增长，即实现"零增长"。[①] 报告所阐述的"合理的持久的均衡发展"理念，即是可持续发展思想的萌芽。1981年，美国世界观察研究所所长布朗（Brown）在《建设一个可持续的社会》一书中，进一步对"可持续发展观"作了比较系统的阐述。[②] 1987年由挪威前首相布伦特兰夫人（Brundland）主持的联合国世界环境与发展委员会（WECD）在《我们共同的未来》研究报告中，从发展的公平性、持续性、共同性"三原则"出发，提出可持续发展就是"既能满足当代人的需求，又不对后代人满足其自身需求的能力构成危害"的发展。这一解释逐渐得到国际社会的广泛认同。1992年在巴西里约热内卢召开的有183个国家和地区代表参加的联合国环境与发展大会，通过了《里约热内卢环境与发展宣言》和《21世纪议程》两个纲领性文件，标志着可持续发展观成为国际上制定经济、社会发展战略的重要指导思想。

（四）人本发展理论

20世纪80年代前后，随着伦理原则被逐步纳入发展的视野，发展理论又增添了更多的"人文关怀"，发展的焦点由单纯的物质财富增长转向了人

---

① Meadows, D. L. et al., 1972, *The Limits to Growth*, New York：Universe Books.
② Brown, L. R., 1981, *Building a Sustainable Society*, New York：Norton and Co.

的自由的拓展、人的能力的提高和人的潜力的发挥上。早在1971年，古雷特（Goulet）在《痛苦的抉择：发展理论中的新观念》一书中就提出发展的核心价值和基本要素应包括三个方面，即生存，指满足人类基本的生活需要；自尊，指自重和独立性，消除被支配和依附的感觉；自由，指摆脱贫困、无知和卑贱这三种罪恶，使人们具备更大的能力来决定他们自己的命运。[①] 1983年，佩鲁（Perroux）在《新发展观：基本原则》一书中强调发展应是"整体的""综合的"和"内生的"，真正的发展必须是经济、社会、人、自然之间的全面协调共进；并坚持认为，应把"人的全面发展"作为发展的根本目标与核心价值取向，也就是说，发展应以人的价值、人的需要和人的潜力的发挥为中心，旨在满足人的基本需要，促进生活质量的提高和共同体每位成员的全面发展。[②] 1999年，诺贝尔经济学奖获得者（1998年度）森（Sen）在《以自由看待发展》一书中强调，扩展自由既是发展的首要目的，也是发展的主要手段。所谓扩展自由是发展的首要目的，是指发展可以看作是扩展人们享有的真实自由的一个过程。这里的真实自由，就是能过一种有价值生活的"可行能力"。而扩展自由是发展的主要手段，主要是指五种工具性自由，即政治自由（政治权利与公民权利）、经济自由（经济条件）、社会自由（社会机会）、透明性自由（透明性保证）、防护性自由（防护性保障）。这些工具性自由能帮助人们更自由地生活并提高他们在这方面的整体能力。[③] 由于上述更新的发展含义的提出，联合国开发计划署自1990年首次发表《人类发展报告》以来，就开始编制包含出生时预期寿命，成人识字率和小学、中学、大学综合入学率加权平均以及人

---

① Goulet, D., 1971, *The Cruel Choice: A New Concept in the Theory of Development*, New York: Atheneum.

② Perroux, F., 1983, *A New Concept of Development: Basic Tenets*, London: Croom Helm.

③ Sen, A., 1999, *Development as Freedom*, New York: Alfred A. Knopf Inc..

均实际 GDP（PPP 美元）等指标在内的人类发展指数（HDI），用以综合衡量人类发展的成就，并逐渐受到各国的普遍关注。

由此观之，60余年来，由以"物"为中心到以"人"为中心，由经济发展到社会发展、可持续发展、人自身的发展，关于发展内涵的认识不断深化。

基于国际上发展理论的不断演进，同时根据国内发展的现实情况，近年来，中国对过去的发展理念进行适时的调整，并注重经济发展方式的转变，即寻求由单一经济发展向包括经济发展、社会发展、人与自然协调发展和人的全面发展在内的"四位一体"发展的拓展，以及经济发展方式由粗放向集约、由不平衡向平衡、由欠持续向可持续的转变。改革以发展为目的，意味着伴随发展外延和内涵的拓展和深化，改革的内容也相应丰富了，并促成了改革战略认识的升华。这种改革观上的发展和创新具体表现在两个方面：

（1）注重对社会利益关系的调整和统筹。改革的实质是利益关系的调整。中国先前阶段的改革，对社会利益关系进行了调整，使绝大多数利益主体在不同程度上受益。但由于根深蒂固的体制性障碍和生产力发展水平的制约，一些深层的结构性矛盾及与之依存的利益格局并没有完全打破；同时，在经济的非均衡增长及改革的渐进性推进过程中，由于统筹兼顾不够，也出现了一些新的利益关系的矛盾，尤其是在城市与农村之间、不同地区之间、不同群体之间，以及经济与社会发展之间、人与自然之间、对内发展与对外开放之间，均出现了一些不协调、不和谐的问题，有些方面甚至存在一定程度的"失衡"。这些问题若得不到解决，不仅会阻碍完善的社会主义市场经济体制之建成，也会伤及经济发展和社会稳定的大局。新改革观中的"统筹"理念就是为了协调好改革进程中的各种利益关系而提出来的，是确定新阶段改革任务的出发点。

（2）注重人的全面发展。马克思曾明确指出，新社会的本质是"人的自由的全面发展"。中国先前阶段的改革，并没有把经济社会和人的全面发展作为一个独立的完整的指导性理念提出。新改革观从一个更高的境界指导新阶段的体制创新。这种"创新"不仅着眼于人民物质文化生活水平的提高，而且着眼于促进人自身素质的提高；不仅从体制上促进人与自然的协调发展，而且从体制上促进民众参与企业、社区和国家的"民主健全"建设。树立这一理念，不仅为深化经济体制改革，而且为深化文化、社会体制改革乃至政治体制改革确立了根本性的目标指向。

◇ 寻求经济体制创新与发展模式创新的紧密结合

从中国的发展实践看，尽管改革有力地促进了经济的发展，但在发展方式上还面临不少的矛盾，各种结构性的扭曲严重。主要表现在：①就需求结构而言，经济增长主要是由投资和出口驱动的，相对来说消费特别是居民消费的拉动作用显得不足。②就产业结构而言，服务业仍不发达，特别是生产性服务业发展滞后，产业效率和竞争力有待提高。③就要素投入结构而言，经济增长主要是靠生产要素（包括自然资源）的大规模投入实现的，是以环境损耗为代价的，而不是靠经济结构和资源配置的优化以及技术创新推动的。④就城乡和区域结构而言，城乡收入差距依然较大，城乡二元体制根深蒂固，尤其反映在户籍制度和隐藏其后的福利制度，以及城乡居民在土地权利上的身份差异上；同时区域间发展不平衡的问题仍然存在，从反映区域经济实力的主要指标，包括地区生产总值、固定资产投资、对外贸易、地方财政收入看，东部地区仍然处于绝对的优势地位。⑤在社会发展方面，收入分配差距问题依然突出；同时，从动态角度看，收入代际流动性趋于下降，有陷入社会阶层和利益格局固化的危险。⑥在可持续发展方面，资源环境约束的结构性矛盾日益凸显。总之，传统的发展模式是不协调、不平衡、不可持续的。这就需要继续深化改革,对掣肘发展方式转变的深层体制性障碍集中进行突破,为化解各种结构性矛盾提供重要体制支撑。

第一,围绕"协调发展"推进改革。

首先是改善需求结构,进一步扩大消费特别是居民消费。目前来看,这方面的制约因素除了收入分配体制外,政府公共服务职能依然弱化,也间接影响了居民消费需求。政府在教育、医疗卫生、就业和社会保障等公共服务领域的支出不足,对居民消费的负面影响是多方面的:一是强化居民的预防性储蓄动机,弱化了现期消费;二是不利于居民的人力资本积累,限制了劳动者的"可行能力"和在初次分配中的"议价能力";三是影响农民工在城市就业以及相应的市民化进程,使城市化过程中所蕴藏的巨大投资和消费需求受到抑制。为此,应进一步强化政府的公共服务职能,发挥公共支出的外部性效应,通过调整政府支出结构,增加社会性支出来带动私人消费。

其次是优化产业结构,推动服务业特别是现代服务业发展。服务业不发达特别是生产性服务业发展滞后,与行业垄断密切相关。在不少服务业部门,由于进入壁垒依然严重,市场准入环境远未宽松,尤其是在位企业与新进入企业处于不对等竞争的状态。由于支配市场的原垄断企业在竞争方面较之新进入企业具有压倒性的先动优势,同时它还凭借自己的优势(特别是控制着"瓶颈"环节和网络基本设施)采取一些阻碍竞争的策略性行为,使得有效竞争难以实现。在此背景下,民间企业和民间资本根本难以进入很多服务业部门,最终仍然是国有经济一统天下或居垄断地位。从2013年全社会(不含农户)服务业投资看,国有控股投资达43.6%。14个大类行业中,除批发和零售业(11.5%)、住宿和餐饮业(12.9%)、房地产业(23.4%)、居民服务、修理和其他服务业(29.5%)、租赁和商务服务业(29.5%)、科学研究和技术服务业(38.7%)、文化、体育和娱乐业

（45.4%）7个行业外，其他7个行业国有投资均占50%或以上。其中，水利、环境和公共设施管理业（77.7%），交通运输、仓储和邮政业（76.9%），教育（74.1%），公共管理、社会保障和社会组织（72.6%），卫生和社会工作（72%）等行业国有投资占70%以上。要彻底改变服务业发展滞后的现状，就必须推进服务业领域的改革：打破部门垄断，放宽产业准入限制，使非公资本更多地参与服务业的发展和市场竞争。

最后是调整城乡和区域结构。这里关注的重点是推动高质量的城镇化，特别是人的城市化。目前城市化的最大问题是其不完全性。2012年，以常住人口统计的城市化率为52.57%，而城镇户籍人口占比即户籍人口城镇化率仅为35.29%。户籍人口城镇化率与常住人口城镇化率的差距从2000年的10.5个百分点扩大到17.3个百分点，这就意味着2012年占总人口17.28%的2.34亿人为非城镇户籍的常住人口。由于户籍制度的障碍特别是户籍身份上所附着的福利差异，这2亿多人并没有平等地享受城市的各种基本公共服务。

因此，未来的城市化战略应从单纯重视人口比率的提高，转到更加关注公共服务覆盖面的扩大上来，通过消除常住人口城市化率与非农户籍人口比率之间的差距，实现农民工的市民化。目前来看，放开户籍管理，逐步剥离附加在户籍上的不公平福利待遇，在地方层面仍遭遇不小的阻力，归根到底还是财政投入的问题。以地方政府现有的财力，能否承载更大的公共服务压力，面临较大考验。为此，应实施有利于加强社会服务的财政改革，重塑中央地方财政关系，合理划分事权范围，重塑地方主体税源。同时，提高国企收益对财政的支持力度，用于民生支出，特别是社会保障支出。

第二，围绕"创新发展"推进改革。

我们认为，中国的可持续经济增长，最终取决于是否可以完成从"外生增长"模式向"内生增长"模式的转变。要实现这样的转变，创新驱动是根本途径。要使科技创新成为持续发展的根本推动力,从体制保障的视角看,主要是要解决两个问题:一是"校准激励"(getting incentives right);二是"校准价格"(getting prices right)。

先看校准激励。

目前总的看,创新激励机制明显不足,主要表现在两个方面。

一是知识产权制度的激励作用未能充分发挥。知识产权制度是保护企业技术创新的重要手段,在缺乏知识产权保护的情况下,企业技术创新的溢出效应不能得到应有的收益补偿,导致普遍的"搭便车"问题,从而抑制企业的创新行为,造成模仿和复制盛行。中国 20 世纪 80 年代中期以后虽加大了对知识产权的保护,但目前来看保护还不完全到位,导致这项政策的激励作用还未充分发挥。

二是对人力资本的薪酬和产权激励机制尚不健全。在技术创新中,企业家和科技人员等人力资本所有者承担的风险和责任重大,付出的创造性劳动巨大,薪酬和产权分配应体现对其价值的充分认可。但目前中国对技术进步中人力资本的价值重视不够,分配中没有充分考虑到劳动的复杂程度和对企业的贡献程度,从而挫伤了人力资本所有者不断创新、承担风险的积极性,这已成为许多企业进行技术创新的重大障碍。

为完善创新激励机制,应进一步完善知识产权保护制度,加大惩戒力度,提高违法成本,形成可置信的威慑力量。同时,构建人才创新活动的科学评价和有效激励机制。比如,可推行技术入股和技术期权制度,推进"技术资本化",使技术人员获得强大创新动力。

再看校准价格。

在市场经济条件下,价格具有重要的信号传递作用,在资源配置的调节过程中发挥着重要的利益导向作用。日本、韩国、中国台湾地区的发展实践表明,在正常的市场机制作用下,由于经济增长中各种生产要素相对价格的变动,经济增长方式自身会逐步地从粗放转向集约。但目前在要素市场上，政府对要素配置和价格形成直接干预依然过多，价格不能真实反映要素的稀缺性和供求关系以及环境损害程度，从而在一定意义上导致了要素价格的扭曲。在土地、资本等要素价格存在不同程度的低估倾向时，直接刺激了市场主体密集使用相对廉价的有形要素，而较少有动力和压力投资于自主创新。

纠正这一局面的关键是要把价格信号搞对，通过持续推进要素市场的发育和完善，形成要素的有效定价机制，使要素价格能够"逼近"供求决定的真实均衡水平。在此基础上，让微观企业能按市场信号进行理性决策。通过正确的价格信号引导各经济主体预期和调整微观主体行为，建立起持续创新的机制。

除了上述两大关键性制度保障外，政府在创新中的作用也有必要厘清。一方面应承认，在创新过程中，一些外部效应没有办法被市场完全考虑。比如企业创新升级会为其他企业提供公共知识，基础设施建设会降低企业的交易成本并提高投资回报率。由于这些外部效应无法完全通过市场途径解决，需要政府在产业升级和技术创新方面发挥应有作用。但同时也应强调，政府在产业选择、技术选择方面，不能过度干预。近年来政府在推动战略性新兴产业过程中，通常以自身对市场供需状况的判断以及对未来供需形势变化的预测来判断某个行业是否具备发展前景，并以政府的判断和预测为依据制定相应的行业发展规划，但事实上，由于存在不确定性和政府的有限理性，政府可能无法对经济形势作出较为准确的判断。这实际上是以政府的判断和控制来代替市场的协调机制，具有一定的计划经济色彩。近年来以光伏产业为代表的一些新兴产业所经历的巨幅震荡，就与政府主导背景下押注错误的技术方向，以及大规模重复投资不无关系。我们认为，在有必要实行产业政策的情形下，为克服政府失灵，有必要区分选择性产业政策和功能性产业政策①、直接干预型产业政策和间接诱导型产业政策。这里的核心要义是，产业政策应是作为矫正市场失效的工具，而不是替代市场的工具。也就是说，政府在实施产业政策的过程中，不应设法取代市场，而应设法强化市场信号和私人活动。

第三，围绕"永续发展"推进改革。

要实现资源和环境的有效利用和保护，应进一步开掘市场机制的作用空间。比如，资源环境产权制度的引入，特别是其中的产权界定制度和产权交易制度和完善。

在产权界定方面，长期以来，自然资源特别是生态环境一直都没有明确的产权。由于人们存在观念上的误区——把产权仅仅理解成一种实物形态的东西，也就是所谓"产权实物观"；而视生态环境这种无形之物为某种"公共物品"，不承认其具有经济学意义上的价值，认为可以取之不尽，可以无价或廉价获取——于是，在现实生活中，大部分生态环境资源是无偿使用的，外部经济的受益者不需要支付任何报酬就能获得好处，既使外部收益提供者的利益受到损害。由于产权界定不清，造成交易障碍，结果导致了代际和代内围绕自然资源和生态环境的"公有地悲剧"。

在产权交易和流转方面，主要问题是价格构成不完全。以矿产资源为例，成本缺失具体体现在四个方面：①矿产资源有偿使用成本：在很长一段时间内，在矿业权取得环节上，绝大多数矿业企业特别是国有企业的矿业权都是无偿获取的。同时，在矿产资源开采环节上，向矿业企业征缴的税费标准过低。近年来虽然进行了探矿权采矿权有偿取得制度改革，并制定了新的矿产资源补偿费征收标准和新的矿产资源税征收办法，但力度仍有待提高。②环境治理和生态恢复成本：目前在环保方面缺少必要的补偿标准，不少矿业企业没有将矿区环境治理和闭坑后的生态恢复等投入纳入

---

① Lall, S., 1994, "Industrial policy: The role of Government in Promoting Industrial and Technological Development", *UNCTAD Review*, pp. 65 – 90.

生产成本，使企业本应承担的内部成本外部化。③安全成本：目前矿业企业的安全投入主体地位没有完全确立，企业安全投入依然不足。④人工成本：就矿业企业的员工特别是农民工来说，权益保障机制不健全，工资和福利成本相对偏低。由于上述计价成本不全，导致矿产资源价格普遍偏低，这就刺激了矿产资源的过度使用和自然环境的严重破坏。

为此，应按照"环境有价"的理念，完善生态环境产权界定制度。围绕这一制度要坚持两个基本原则：①凡是为创造良好的环境做出贡献的地区、企业或个人，都应该获得环境产权的收益。②凡是享受了环境外部经济的地区、企业或个人，都应该向环境产权所有者支付相应的费用。这里的关键是要确立相应的环境产权利益补偿机制，包括环境外部经济的贡献者和受益者之间直接的横向利益补偿机制以及以国家为主体的间接的纵向利益补偿机制。前者主要是在利益边界比较清晰的情况下，由环境外部经济的受益者直接向贡献者即环境产权所有者进行补偿，这更多是一种市场化的产权收益实现机制。而后者主要是在利益边界比较模糊的情况下，借助政府之手征收环境税费筹集补偿资金，然后通过转移支付实现对产权外溢部分的间接补偿。

同时，应逐步使资源企业特别是矿业企业合理负担其资源开发过程中实际发生的各种成本，特别是通过一些外部化的成本内部化，构造完全成本资源价格。具体来说：①应进一步扩大矿业权有偿取得的范围，深化资源税改革，适当提高探矿权采矿权使用费收费标准和矿产资源补偿费费率，同时加快解决矿产资源补偿费以及探矿权采矿权使用费和价款的不合理减免和欠缴问题，逐步还原资源成本；②应建立矿业企业矿区环境治理和生态恢复的责任机制，强制企业从销售收入中提取一定比例资金用于矿山环境的恢复和生态补偿，并可考虑开征环境生态税，逐步还原环境成本；③应强化矿业企业安全投入的主体地位，强制企业提取安全费用，加大安全投入，逐步还原安全成本；④应健全矿业企业员工权益保障机制，促使企业确保员工基本的工资和福利水平,逐步还原人工成本。

第四,围绕"人本发展"推进改革。

改革实质上应立足于两个解放,一是生产力的解放,使其从旧体制的束缚中解放出来;二是人自身的解放,使其从被束缚的状态中解放出来。如果说前一阶段的改革主要着眼于解放生产力的话,那么下一阶段应将"人的全面发展"作为更加独立、完整的理念来指导体制创新。这种"创新"不仅应着眼于人的物质生活需要,改善人的生存权利和经济发展权利,而且应着眼于人的精神生活需要和提高自身素质的需要,改善人的文化权利和社会发展权利;同时还应着眼于人们参与政治生活和社会生活的需要,改善人的政治权利和社会管理权利。因此,"民本型"制度创新应是包括经济、社会、文化以及政治体制创新在内的全面制度创新。单就经济这一领域而言,主要应推进各种"民生类"制度创新。

一是推进收入分配制度改革。

前一阶段,围绕按劳分配与按要素分配相结合以及效率与公平相结合,分配制度改革取得了一定进展。下一阶段,应继续围绕各种生产要素按贡献参与分配、扩大居民收入来源以及收入的公平分配、缩小居民收入差距,进一步推进改革。就当前阶段而言,主要应继续提高居民收入在国民收入分配中的比重和劳动报酬在初次分配中的比重。对此,可从"保""调""扩"三个层面加以解决。

所谓"保",就是确保居民应得的要素收益,一方面是确保劳动要素的贡献与报酬相匹配,另一方面是确保农民的土地权益。所谓"调",就是加强政府在宏观收入分配中的调节作用,一方面继续实施个人所得税改革,另一方面完善公共产权收入再分配制度。所谓"扩",就是拓宽居民增加收入的渠道。应消除各种阻碍就业创造的体制性障碍,尤其是着力解决因劳动力流动性障碍以及公共服务供给性障碍而导致的劳动者就业、获得教育和健康服务机会不均等问题,努力提高劳动者的经济参与能力、收入和财富创造能力。

二是推进社会保障制度改革。

当前社会保障制度面临的主要矛盾是覆盖面不足。以养老保障制度为例，目前来看，不但农村居民养老保障制度和农民工养老保障制度尚有较大深入空间，即便是已经实行多年的城镇职工养老保险制度也存在覆盖面不足的问题。基于此，应把弥补制度缺失作为下一阶段社会保障制度改革的首要目标，进一步扩大社会保障的覆盖面，尤其是应着力解决城乡全覆盖问题。在继续完善与城镇职工和城镇居民相关的各项保障制度的同时，进一步加快社会保障范围由城镇向农村延伸的进程，加快农村居民以及农民工群体的社会保障制度建设。

在优先解决社会保障覆盖"从无到有"问题的同时，还应着手解决社会保障水平"由低到高"的问题。但要防止陷入民粹主义和福利主义的陷阱，确定合理的保障水平，避免福利支出刚性危及政府财力的可持续性，以及过度保障导致的负面激励和道德风险问题削弱经济体的活力和竞争力。

除收入分配和社会保障制度改革外，围绕与民生密切相关的就业、教育、健康和安全（特别是生产安全、食品药品安全、环境安全）等问题，也要推进相关制度创新。基点应在于建立有效的公共服务体系，逐步实现相关基本公共服务的均等化。

第七章

国际视野中的中国改革

中国改革,在其启动之初就引起了全世界的关注。而20世纪80年代末90年代初苏东国家剧变,更是在全球范围内掀起了关于改革道路比较的研究热潮。中国改革因其创造了中国增长奇迹而备受称道,是成功的典范。不过,展望未来,中国改革需要抛开既有的成绩簿,看到渐进改革(或边际改革、外围改革)所带来的问题和挑战。因此,要以问题为导向,超越渐进与激进的争论,探寻进入深水区和攻坚期的改革逻辑。

◇◇ 中国渐进改革的基本经验

渐进式改革是中国经济改革道路的最主要特征,是中国改革取得成功的宝贵经验。30余年来,中国能实现经济持续高速增长并保持了稳定的政治局面,都是与中国实施了渐进式改革分不开的。与之相对的是苏东国家的激进转型或休克疗法(shock therapy)。尽管对于休克疗法失败的原因还在探讨,对改革路径的争论仍在继续,但休克疗法造成的经济停滞甚至接近崩溃的现实却是无法回避的。

中国的改革不是表现为首先打破旧的体制,而是首先在旧体制的"旁边"或"缝隙"中发展起新的体制成分,然后随着这种新体制成分的发展及其在整个经济中所占比重的扩大,逐步深化对旧体制的改造。这种改革采取先易后难、先表后里的方式，在旧有制度的框架内审慎推进改革，具有在时间、速度和次序选择上的渐进特征。也因为如此，新旧体制在一个时期内并存是渐进改革的重要特征。而对旧体制的容忍，一方面是在改革初期适当维持既得利益以减少改革所面临的社会阻力的需要，另一方面，新体制的成长不会在一夜之间完成，因此也是实现体制平稳转轨的需要。

渐进式改革内容丰富，主要概括为双轨过渡与试验推广（或摸着石头过河）。

双轨过渡包括体制外生长与增量改革。所谓"体制外"生长是在计划经济制度之外，发展新的市场主导部门，使其成为推动市场化改革的基本动力之一。在中国市场化改革过程中，这种体制外生长主要表现为这么几个方面：产权制度方面的体制外改革，即允许在国有经济之外发展非国有经济；定价制度的体制外改革，即允许一些新产品的自由定价；市场组织的体制外改革，即允许计划分配体制之外自由市场的发展；收益分配的体制外改革，即在按劳分配之外承认按要素分配的合理性；等等。"双轨制"最初出现在价格改革领域，即所谓的"价格双轨制"。"双轨制"的经验后来被用于很多其他领域的改革，如外贸体制改革、劳动就业体制改革、所有制结构改革、社会保障体制改革、住房改革等。从整个经济来看，对改革的推进和市场机制的发展来说，最重要，影响最重大、最深远的"双轨制"，是所有制结构中的"双轨制"，即国有制与非国有制、公有制与非公有制构成的双轨制。增量改革不从资产存量的再配置上入手，而是着眼于让市场机制在资产增量的配置上发挥作用，这样就会使增量部分不断扩大，相对地计划经济的存量比重逐步缩小。具体的做法有这么几个方面：允许国有企业或农民在完成向政府承担的上缴义务之后，对增量部分自主决定价格、销售方式和收益分配；对国有企业的工人，可以采用"老人老办法，新人新办法"，即根据计划体制下的国有企业与职工之间实际上存在的隐性"合约条件"来对待老工人，但同时按自由缔约的方式来聘用新工人，等等。

试验推广是指将市场化改革限定在一定的范围（如地区、产业甚至是企业）之内，取得经验后才在更大范围乃至全国加以推广。中国的经济改革大多数都不是在全国范围内同时推开的，每项改革措施都是从较小范围内的试验开始，在改革试点取得一定成果并积累了一定经验，且群众有了起码的心理准备以后，才加以推广，如家庭联产承包责任制的推行过程、企业承包制的试行和经济特区的创建，以及现在成都和重庆正在推行的关于城乡统筹发展方面的试点等，无不遵循了这种原则。渐进性改革以开"天窗"式的局部试验为起点，利用关键性改革带动多项改革，创造制度变迁的"多米诺骨牌效应"，使改革先易后难，从点到面，由浅入深。这种做法的最大好处就是避免了在缺乏经验的情况下贸然全面推行所可能带来的巨大阻力、压力和风险，保证改革能在总体上稳步推进。

◇ 苏东国家的激进转型及其后果

与中国渐进式改革相对的是苏联东欧国家采取的激进式改革（所谓的休克疗法）。这种改革方式的特点是试图在短期内全面、彻底地摧毁计划经济体制的各项制度安排，然后通过一整套激进的转型措施（如经济自由化、财产私有化与宏观稳定化）迅速建立起市场经济的制度框架，从而实现从计划到市场的一步跨越，因而也被称为"大爆炸"战略（Big Bang）。

（一）俄罗斯的休克疗法

20世纪80年代苏联的经济增长速度已经下降到3%甚至更低，有些行业已经出现负增长。在这种情况下，苏联开始了一场大规模的经济体制改革。改革分为两个阶段，第一阶段是1985年开始到1991年的渐进改革，但没有取得成功；于是推行了第二阶段（1992年开始）的休克疗法。苏联解体后，俄罗斯为了摆脱政治、经济上的困境，其改革决策层曾先后提出不同的改革方案。①沙塔林—亚夫林斯基提出的"500天计划"，主张用休克疗法在500天内分三个阶段实现生产资料私有化、放开价格、卢布自由兑换等，并过渡到市场经济。这个方案受到叶利钦等人的支持，自此俄罗斯联邦宣布开始执行"500天计划"，休克疗法全面推行。

1. 价格自由化

休克疗法的第一项内容就是经济自由化，主要是从价格自由化、贸易自由化和卢布可自由兑换三方面进行的，其推动力量就是价格自由化。价格自由化被激进改革者认为是改革由渐进转向激进的分界线。价格形成机制对俄罗斯经济发展的影响可分为两个不同的阶段。在以公有制为主体的计划经济条件下，确立价格形成的计划制度，国家统一监管重要的商品价格，价格水平保持在相对稳定的状态。实行自由化改革政策从根本上改变了原有的价格格局和状况。企业在合同的基础上制定价格，价格波动加大、通货膨胀到处可见，市场体系开始建起来。价格自由化成为实施经济体制改革和向市场经济转型的主要手段，但（短期内的）市场混乱与高通货膨胀也是价格自由化所必须付出的代价。

2. 财产私有化

为了尽快推进向自由市场经济的转轨，俄罗斯自1992年起，开始了大规模的私有化运动：第一阶段是1992—1994年的证券私有化；第二阶段是1994年7月开始的货币私有化。

证券私有化使俄罗斯经济所有制结构发生了本质的变化。国家所有制

---

① 郭连成：《俄罗斯经济转轨与转轨时期经济论》，商务印书馆2005年版，第171页。

在国民经济中的垄断地位不复存在，多种所有制的市场经济基础由此奠定，从根本上实现了经济的非国有化。但是，证券私有化没有完全解决把企业转到有效经营者手中的任务，所以不能够保证生产效率的大力提高，也没有解决为俄罗斯经济吸引资金的目标。证券私有化阶段的总体经济形势是高通货膨胀率伴随生产的持续下滑及"快速私有化"。货币私有化的目的是实现企业中的国家股份、土地和不动产私有化。这一阶段的主要措施是实施《俄罗斯联邦国有财产和市政财产私有化法》，使大部分国有资产脱离国家指令性管理而进入市场运转，建立了不动产等项目的市场配置基础。货币私有化阶段的特点是在"相对迟缓"的私有化过程中，从无偿分配财富过渡到对财富的实际购买。为吸引有控制企业意愿的重要投资者，俄罗斯规定，每个企业至少要拿出相当于企业注册资本15%—25%的大宗股票进行拍卖和投标招标。货币私有化过程使私有化的速度明显放慢，但相关资料显示，在这一阶段，大规模推行私有化的过程已经基本完成。

3. 宏观稳定化

推行经济自由化与财产私有化不可避免地会导致高通货膨胀，并为遏制经济衰退和高通货膨胀，宏观稳定化政策作为激进改革的配套措施也随之出台。

第一阶段：宏观经济剧烈波动，出现恶性通货膨胀和巨额财政预算赤字，确保宏观稳定成为改革初始阶段的主要任务。1992年初，由于采取了国民经济自由化措施，避免了预算制度崩溃，消除了巨大的"货币压力"，同时防止了通货膨胀，并依靠大力紧缩总需求，遏制投资，恢复了供求平衡。由于价格水平变化，消费市场状况呈现正常化迹象。紧缩型货币政策和财政政策的实施为抑制通货膨胀创造了必要的前提。

第二阶段：始于稳定的金融政策，终于1998年8月爆发的俄罗斯历史上最大规模的金融危机。这一时期，政府基本上成功地把通货膨胀控制在较低水平上，金融形势明显趋于稳定。但是，对于财政和信贷领域中的两个问题，改革者们没有能力解决。一是各级政府的预算支出过大。巨额预算赤字的存在，造成了政府扩大税收的巨大压力。但是，税收过高抑制了合法的经济活动，刺激了影子经济的发展，动摇了投资基础。二是这一时期的经济不能创造可供长期稳定使用的货币。在经济繁荣时期，经常发生部分短期贷款转变成长期投资的情况，这种转换规模的加大，增加了银行制度的脆弱性，在某种程度上，俄罗斯的危机与大量短期贷款变成长期资产有关。为了消除整个信贷—货币系统的清偿危机，货币政策的主要倾向是增加货币量供给，在货币量成为专项指标的情况下，利率水平就成为中央银行难以控制的派生指标。国家对金融资金的巨额需求是当时金融领域的主要特点。当俄罗斯金融体系的信任度降低后，1998年中央银行逐渐转向实行严格的紧缩型货币政策，正是这种非正常的货币紧缩引起了经济衰退。预算赤字和预算政策效果差是俄罗斯经济中长期存在的问题，国家财政支出规模过大，几乎仅仅根据短期债券市场来确定利率，其他所有利率都向国家债券市场看齐，中央银行已经丧失了对利率的调控能力。这些原因最终使得短期国家债券市场彻底崩溃，新一轮通货膨胀速度迅速上升，稳定金融的政策以失败告终。

第三阶段：应对危机的宏观稳定政策。稳定金融政策的失败要求重估俄罗斯信贷货币政策的优劣。显然，货币领域的首要问题是无效的预算政策所带来的巨额预算赤字，解决国库收入状况成为经济政策的重要因素。以限制通货膨胀上升速度和稳定卢布汇率为目标，1999年俄罗斯联邦中央银行实行了紧缩型货币政策，除了大力干预外汇市场外，中央银行靠降低国内净资产的增长速度来限制货币发行的扩大。2000年通货膨胀速度开始放缓。2000年俄罗斯经济中的通货膨胀过程带有明显周期性，而这种周期性与俄罗斯偿还外债的进程相关，逐步降低通货膨胀是俄罗斯联邦中央银行货币信贷政策的主要目标。预算赤字的削减和通货膨胀速度的放缓，使俄罗斯经济在未来出现顺利发展的可能性初现端倪，2001年，俄罗斯的国家财政出现0.4%的盈余，全年的通货膨胀率约为18.6%。

（二）中东欧国家的激进改革

中东欧国家的激进改革可以概括为价格改革、产权改革与金融改革。

1. 90%以上的商品和劳务价格已经放开，市场化的价格形成体系基本建立

自1990年起，东欧国家通过不同的方式先后实现了价格自由化。目前，除极少数对国民经济和人民生活有特殊意义的产品和劳务的价格仍由政府控制外，90%以上的价格都已放开，市场化的价格形成机制已基本建立。由于外贸和汇率自由化的迅速发展，商品价格还直接受国际市场价格的影响。由于市场竞争已初步形成，市场秩序比较稳定，乱涨价现象基本得以克服。这也就为市场机制发挥作用创造了必要的条件。

2. 所有制结构和产权制度发生了重大变化，市场主体问题基本解决

东欧国家所有制的改造基本通过三个途径：国有企业的私有化、国有企业的产权制度改革及新兴私人企业的准入。据世界银行发布的资料来看，1990年以来东欧国家所有制结构发生了重大变化，大部分东欧国家的私营企业（包括职工持股和国有股份占50%以下的企业）产出在各国1995年GDP中所占的份额达到了一半以上。发展最快的是捷克，它主要通过平等获得"投资券"凭证的私有化方法，使私营经济的产出比例增大到69%。在推行私有化和新兴企业准入的同时，东欧国家对仍保留的国有企业也实行了重大的改革。第一步是强化预算约束，把企业抛向市场。第二步是改革产权制度，实行产权分割和风险自负。通过管理和产权制度的改革，国有企业开始变成能适应市场经济的行为主体。

3. 金融改革取得重要突破，为资金等要素市场的建立和发展提供了必要的基础

东欧国家的金融体制改革主要集中在三个方面：首先是重整原国营银行，建立两级体制。在这方面，中央银行已基本上与国家财政脱钩，不再向财政提供赤字贷款，中央银行开始独立负责货币发行，制定和贯彻国家货币政策。与此同时，央行以外的其他银行实行了商业化。但各国在清理坏账和资本调整方面采取的措施不同，发展也不平衡。匈牙利、波兰在这方面的进展相对较快。其次是推行银行私有化和新私人银行的准入。在这方面，捷克和斯洛伐克通过"凭证"私有化的方法使5家国有银行实行了私有化，波兰和匈牙利通过出售的方法，分别实现2家和4家国有银行私有化。但总的说来，东欧国家的银行私有化进展很困难，仅在新私人银行和外国银行的准入方面有一定的进展。1994年捷克和波兰的私人银行、合资和外资银行各有16家。金融改革的第三方面内容是发展资本市场，它具体表现为增加证券的供应、扩大证券的需求，以及改善交易的体制环境。在这方面东欧各国开始起步，但进展还不大。

（三）激进转型的后果

中国因渐进改革大获成功，苏东国家则因休克疗法而付出了沉重的代价。最近欧洲开发银行做了一个29个独联体和转型国家的调查，发现转型经过15年后，只有30%的人认为现在的生活比转型前好。

图7—1进一步显示，截止到2004年（转型经过了15年），只有约一半国家的国内生产总值恢复到了1989年的水平。值得一提的是，俄罗斯的国内生产总值只相当于1989年的80%多一点，乌克兰只有50%左右。经济恢复得最好的是波兰，达到140%多。其次为斯洛伐克、斯洛文尼亚、匈牙利等。就经济恢复的速度而言（见图7—2），波兰是恢复得最早的（1991年

左右开始恢复);匈牙利也恢复得较早(1993年左右开始复苏)。

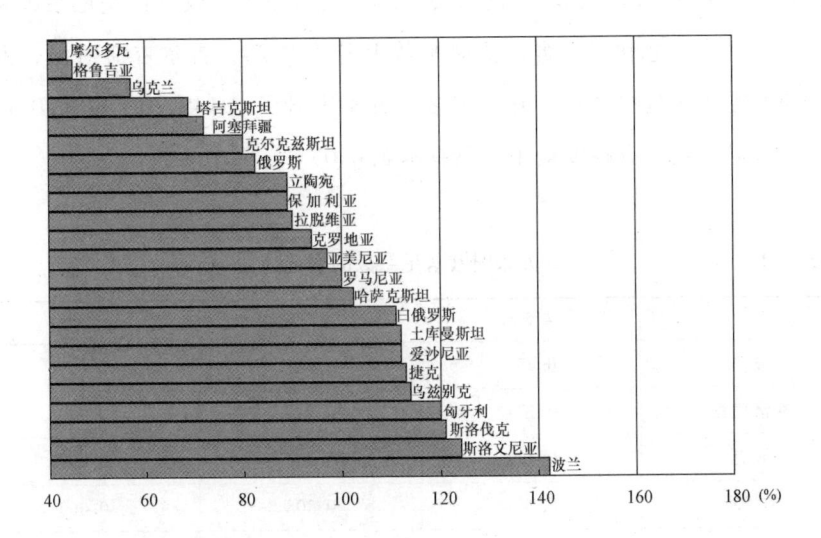

图7—1 苏东国家2004年的GDP相当于1989年GDP的百分比

资料来源:Popov, Vladimir, 2007, *Shock Therapy Versus Gradualism Reconsidered*, CEFIR / NES Working Paper series No. 68.

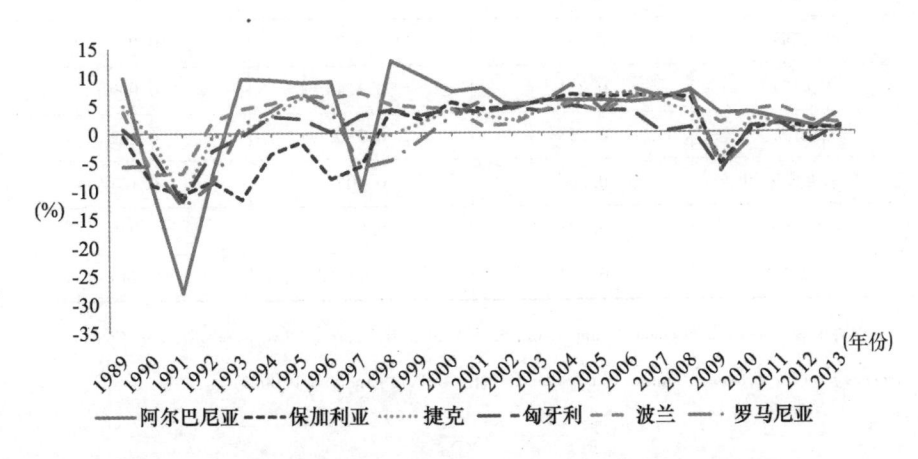

图7—2 东中欧国家转型前后GDP增长率的变动(1989–2013)

注:阿尔巴尼亚2013年数据为预测数。

资料来源:International Monetary Fund, World Economic Outlook Database, October 2014.

另外，转型过程中，苏东国家除了 GDP 的下滑外，收入分配差距也不断扩大（见表7—1）。在转型前与转型后的贫富差距比较（以基尼系数来衡量）中，乌克兰恶化最厉害，基尼系数上升了 0.24；吉尔吉斯斯坦、俄罗斯与爱沙尼亚的基尼系数上升也较多，分别上升了 0.145、0.142 和 0.124；波兰的基尼系数上升幅度最小，只有不到 0.03。

表7—1　　　　　　　　　苏东国家基尼系数的变化

	转型前	转型后	差距
波兰	0.272	0.301	0.029
斯洛伐克	0.174	0.223	0.049
捷克	0.194	0.254	0.060
匈牙利	0.248	0.308	0.060
罗马尼亚	0.233	0.280	0.047
爱沙尼亚	0.230	0.354	0.124
白俄罗斯	0.228	0.288	0.060
哈萨克斯坦	0.257	0.354	0.097
保加利亚	0.228	0.317	0.089
立陶宛	0.225	0.324	0.099
俄罗斯	0.238	0.380	0.142
吉尔吉斯斯坦	0.260	0.405	0.145
拉脱维亚	0.225	0.320	0.095
乌克兰	0.233	0.473	0.240

资料来源：Keane, Michael P. and Eswar S. Prasad, 2000, *Inequality, Transfers and Growth: New Evidence from the Economic Transition in Poland*, IMF working paper, WP/00/117.

波兰、匈牙利在转型中经济表现良好，在很大程度上不是因为他们在改革上采取了休克疗法，相反，他们在许多方面实际上采用了渐进性改革的策略。波兰前第一副总理和财政部部长、著名学者格·科勒德克指出：

"波兰的成功来自于抛弃了休克疗法,而非相反。毫无疑问,'休克疗法'这一政策失败了,而且,依据'休克疗法'方式进行的思维与行动,导致了生产的大幅滑坡,'休克疗法'应当对如此悲惨的后果承担责任。"

比如,波兰在汇率改革上就选择了"渐进模式"。波兰政府用了10年的时间,尝试了几乎所有的汇率制度形式:从单一钉住美元到钉住一篮子货币,从钉住一篮子货币到爬行钉住一篮子货币,再到爬行钉住加区间浮动,最后实现了完全自由浮动的汇率制度。其中,波兰中央银行首先用5年的时间实行较为狭窄的爬行钉住制度,以使市场有一个适应过程;然后再用5年的时间不断扩大爬行浮动区间,逐步增加汇率政策的灵活性和汇率制度的弹性。随着兹罗提汇率浮动空间的不断扩大,最后实行完全自由浮动汇率制度时,已是水到渠成、自然而然的事情了。因此,在波兰由固定汇率制度向浮动汇率制度的转轨过程中,没有出现较大的波动。[①]

◇休克疗法为什么不成功?

一些国家实施休克疗法为什么不成功,对此理论界至今仍在不断争论。这里指出三个主要的原因:①休克疗法忽略了制度支撑的重要性;②休克疗法忽略了政府在转型中的重要作用;③休克疗法的三项内容不能同时实现。

(一)忽略了制度支撑(institution underpinning)的重要性

如果一个国家缺乏以适宜制度为基础的自由化、私有化和稳定化政策,

---

① 王宇:《经典的波兰汇率制度渐进改革》,《中国外汇管理》2004年第7期。

则这个国家全面推行价格自由化和企业私有化就不可能产生预期的成功结果。俄罗斯等国转型的难点在于，如何在不产生过多经济社会混乱的前提下，平稳地实现制度变迁。更为复杂的是，由于在改革过程中存在大量的不确定性和意想不到的变化，所以必须保持人们对转型的政治支持。俄罗斯学者指出，不能忽略一个强有力的制度的影响。[①] 自由化程度在转型初期并不是很重要，相反，国家的制度性能力却是非常重要的。考虑到不同的初始条件，转型后产出的下降一般都是与糟糕的企业环境相伴随，而后者则是制度崩溃的结果。当自由化本身并不是与强力制度互补时，就不能保证取得良好的经济绩效。制度能力在很大程度上依赖于法治与民主。数据显示，威权性政府与民主体制都可能产生强有力的法治保障与有效制度，但在一个法治很弱的情况下，一个威权性政府比一个民主政体更能维持有效的制度。而在一个较短的时间内，一个非自由化的民主体制在制度能力方面是最差的，从而对于产出的影响也是最糟糕的。

（二）忽略了政府在转型中的重要作用

政府在转型中的作用问题是一个长期争论不休的话题。现在，由于中国转型的成功和俄罗斯前10年转型的失败，以及俄罗斯等国家的市场经济中存在着自发性、盲目性以及增长的滞后性等问题，促使世界各国和经济学界不得不重新思考转型中政府与市场的关系。以著名经济学家斯蒂格利茨等为首的一批学者提出，由于存在信息的不充分和竞争的不完全性，市场失灵是一种常态，所以，国家干预必然会存在。"转型可以被看作是对政府和市场之间的完美合作的持续的寻求（其实永无止境）。"而且，对一个发展中国家和发展中的市场经济来说，政府干预的问题不在于干预的多还

[①] Popov, Vladimir, 2007, *Shock Therapy Versus Gradualism Reconsidered*, CEFIR / NES Working Paper series No. 68.

是少，而在于干预是否得当。转型中，政府的重要作用主要体现在四个方面：一是消除对改革的阻碍和反抗；二是建立新体制的各种基础设施；三是保持稳定的宏观经济环境，强化市场并弥补市场失灵；四是努力保持机会的均等和社会的公正。①

（三）休克疗法的三项内容不能同时实现

有学者提出②，"休克疗法"忽略了制度扭曲的内生性，因而未能认识到"休克疗法"的三项内容（价格自由化、私有化、政府维持财政平衡和宏观稳定）是不能同时实现的。例如，如果仅分别推行价格自由化或私有化是不会有问题的，但如果两者同时推行，则在企业没有自生能力的情况下只可能导致两种结果：或者是整个社会大崩溃，引发大量失业；或者是由政府为没有自生能力的企业提供补贴。这是因为，不具备自生能力的企业原先往往雇用很多劳动力，政府对其补贴的原因并不在于其国有性质，而是因为它们没有自生能力。实行"休克疗法"后，原来的技术和产业没有变化，出于以下两个原因，政府力图避免其破产并给予保护和补贴：①这些产业非常先进，对于国家的现代化发展很重要；②这些企业雇用了大量劳动力，一旦破产，必将引发大量失业，进而导致社会不安定。值得指出的是，在私有化的情况下，政府需要提供的保护和补贴要高于在国有情况下所需提供的数额。当不具备自生能力的企业为国家所有时，它们的厂长、经理会向政府索要保护和补贴，但其自身并无法占有补贴。而在这些企业实行私有化后，厂长、经理可以名正言顺地将多余补贴据为己有。因

---

① 吴敬琏：《中国政府在市场经济转型中的作用》，《国民经济管理》2004年第9期。

② 林毅夫：《发展与转型：思潮、战略和自生能力》，载北京大学中国经济研究中心网站，2007年。

此，在私有化情况下，企业所有者向政府索要保护和补贴的积极性更高、理由更多。而由于政府的资金不为自己所有，其向企业提供保护和补贴的积极性没有变化。这样，保护和补贴的数额不减反增。20世纪90年代初，大多数人并不相信这一点，但有大量的实证研究（包括世界银行和东欧国家所作的研究）表明，实现私有化后的大型企业所获得的政府保护性补贴比其未私有化时更多。而与此同时，政府的财政收入在改革之后却有所降低。这是因为，在国有化情况下，国有企业的利润要上缴国家财政，而在私有化情况下，政府只能靠向企业征税获得收入，而征税并非易事。这样，政府只能通过大量印制钞票来向企业提供保护和补贴，而这又会引发更高的通货膨胀。1993年和1994年，俄罗斯的通货膨胀率曾经超过10000%。这正是当时的认识错误导致的结果。

◇ 超越渐进式改革的探索

在肯定渐进式改革取得巨大成果的同时，也应看到这种模式充满着"改良主义"的色彩，即在不彻底否定旧体制的前提下逐步引进市场因素。中国改革基本上遵循了一条"周边推进"的战略，先处理一些容易解决的问题，将最难处理的问题放到最后来解决。这种做法具有稳健的一面，但也带来很多挑战。

第一，双重体制的摩擦。与激进式改革相比，渐进式改革的最大弱点是改革的不彻底性和持久性。所谓"长痛不如短痛"就是对此而言的。改革开放30余年，中国的市场化程度已有很大的提高，但旧体制的痼疾却未得到彻底根治，如政企不分、投资软预算约束、金融市场发育滞后等，这对新体制的运行造成了重重障碍。

第二，不同领域的改革未能协同推进。改革的"协同推进"，是指各领域改革同时逐步展开，而不是等一个方面的改革搞完再搞另一个方面的改革。并且，各领域内同时推进的改革要尽可能地相互协调、相互促进，而不是相互阻碍。如果各领域改革不能协同推进，就会互相掣肘，影响整个体制的效率。随着经济更具市场导向，已推行改革的某些经济领域会因其他领域的改革滞后而面临风险，例如，汇率控制比10年前更为松动。在资本流入国内之际，对外汇市场大规模干预，有可能造成金融体系内资产负债表严重失衡（尽管这一矛盾在近两年随着国际收支格局的变化和本币升值压力的减轻，以及央行基本退出常态式外汇市场干预，而有所缓解）。同样，随着自由化的发展，由政府支撑的银行业承担另一轮坏账的风险将上升。而且金融系统高效率运转的许多制约因素是互相关联的。因此，改革需要一个综合方法。中国在30余年里取得了巨大进步，但仍有很长的路要走。中国应坚持试错法，但应采取更大胆的尝试。正如国际货币基金组织的两位作者所主张的："现在可能该超越摸着石头过河了，而是应在改革道路上迈出更大的步伐。"① 就当前中国而言，金融改革与政治改革需要及时跟进。

第三，不平衡战略带来的问题。"渐进式改革"选择的是局部的、不均衡的、由点到面的路径。这种路径选择从一开始就决定了经济发展的不平衡，"允许一部分人先富起来，先富带动后富，最后实现共同富裕"。而改革开放至今，"先富"已经多有体现，但离共同富裕还有很长的距离。从城乡发展来看，虽然改革的突破口是从农村开始的，但为了推进工业化进程，采取了优先发展城市的战略，结果是造成城市与农村出现"二元经济"，农村发展长期滞后，并且与城市差距不断拉大；尽管近年来有所缓和，但绝对差距仍然很大。从地区发展来看，由于沿海地区拥有一系列优势，所以走到了改革的前沿，成为改革的最大受益者，然而中西部地区长期落后，

---

① 马丁·沃尔夫：《中国改革：请超越渐进式发展模式》，英国《金融时报》2006年6月12日。

两者差距很大。虽然国家实行了西部大开发、东北振兴、中部崛起战略（最近又加上东部率先），但地区发展不平衡在短时间内还无法从根本上得到改变。还有，随着经济的发展，社会收入分配和公平的问题也日益凸显，这些都将成为影响社会经济正常、有序发展的阻碍。

第四，政府职能转换与渐进式改革悖论。渐进式改革的实质是由中央政府强制推行的对集权模式的改革。这里存在一个悖论，即现有的政府机构既是改革的发动者和组织者，又是改革的对象。政府的双重身份既有利于进行较为稳定的改革，又会给改革带来不利的影响。由于各级政府部门不可能都是完全超脱世俗的"大公无私者"，他们会自觉或不自觉地去考虑自己的切身利益，以影响决策的制定和执行，所以渐进式改革希望在不触动原有权力和利益格局的基础上进行，现在看来难度越来越大。

以上问题表明当前中国的改革已进入一个关键期。渐进式改革滋生出了一批既得利益者，这些人成为推动进一步改革的阻力。若想将"渐进式"改革继续进行下去并取得最终的胜利，必须加大改革力度，彻底解决传统体制遗留下来的深层次问题。任何情况下，改革和开放都需要有勇气决心、政治愿望和明晰的宗旨。迅速变化的世界需要一个国家尽可能快地迎头赶上。这意味着中国要尽可能快地推进各个领域的改革，并使各领域的改革协调并进。

第八章

改革进入深水区

30多年的改革开放，有成绩也有挑战。当前最大的挑战就是改革进入了深水区和攻坚期，改革步伐放缓，向前推进艰难，呈现一种"胶着"状态：不同利益集团之间的纠缠，不同改革诉求之间的碰撞。正如经济运行的周期一样，改革似乎也遭遇到这么一个周期，从过去的快速推进到今天的陷入僵局。如何直面利益集团掣肘、改革动力不足、改革共识有待重建、改革顶层设计不够等问题，是改革进入深水区必须应对的重大挑战。

◇◇ 改革进入深水区和攻坚期

中国的改革探索，一直以来用过河来比喻。彼岸是改革的目标，而此岸则是改革的起点。从哪个地方下水，意味着从哪个地方先改。而从下河到彼岸，在没有完全掌握河的宽窄、河水流速以及河底深浅的情况下，往往就只能是"摸着石头过河"。今天，当改革面临重重困境甚至陷入僵局、在关键改革难以推进的情况下，我们又想到了过河的比喻，把这个困难阶段称作改革进入深水区。显然，进入深水区，面临的情况更加复杂、遭遇险情的概率大大提高。这个时候，对于改革者的决断力、勇气和智慧都提出了更高的要求。

改革进入深水区，除了比喻之外，到底有什么具体的含义呢？

改革进入深水区主要是指改革进入这么一个阶段，其所面临的多是重大问题和敏感问题，不少触及深层次社会矛盾，涉及利益关系调整，牵一发而动全身，有些问题多年一直想改但改不动，成为难啃的硬骨头。这种情况的出现，实际上与渐进改革道路的选择有很大关系。

采取渐进改革的战略，往往是从体制外入手，从容易改的入手，从阻力小的入手，这样能够快出成效，积蓄力量，以图改革的继续推进。不过，渐进改革也会带来不少问题：一些容易改的都改了，剩下的都是硬骨头。并且，渐进改革也容易使得一些集团利益固化。多年来的经验证明，改革如果不彻底，在推进至某个特定阶段的时候，往往会形成新的既得利益集团。在进一步破除原有格局时，这些利益集团将成为妨碍改革推进的重要阻力。当前利益固化的现象几乎无处不在，政府部门利益、行业垄断以及各种既得利益群体，都会结成牢固的"藩篱"。所谓"利益固化的藩篱"，是指为保障既得利益而设置的防御壁垒。利益固化藩篱有两个特点：一是利益的获取源于公权力的运用，二是获利主体远离改革要惠及的大众阶层。对既得利益阶层而言，藩篱是其利益的保护伞和护身符，但对社会大众而言，藩篱则是其获取利益的壁垒。利益固化藩篱作为一种体制机制上的痼疾，现阶段已广泛渗透在城乡之间、地区之间、行业之间、国有民营经济之间以及不同社会群体之间，成为进一步深化改革的巨大障碍，抑制了经济社会的创造力，降低了资源配置的效率，限制了社会成员向上流动的空间，削减了改革的正能量。如果说过去的改革更多的是改革设计部门在研究别人的利益调整，那么今后的改革则更多地是向体制内的既得利益部门开刀，由过去更多地改别人转向改自己，削弱自己的权力和利益。

当前中国经济进入新常态，出现了"结构性减速"。这个时候，只有通过改革才能主动适应新常态，迈入增长新阶段。不深化改革，发展就难有活力、难以持续，甚至可能陷入"中等收入陷阱"。改革初期，"人人受益"的"帕累托改进"环境令人振奋，改革的阻力因此比较小。如今，当改革进入深水区，真正意义上的改革已很难再出现"无人利益受损"的现象。面对社会经济发展中的深层次矛盾和问题，躲避、绕行都不是办法；不改没有出路，慢了会贻误时机，付出的代价更大。因此，必须以强烈的历史使命感和责任感，以壮士断腕的决心和勇气，坚定不移地推进改革，打好改革攻坚战。

◇ 改革的政治经济学

改革本身就是一门学问。推进改革必须要掌握改革的政治经济学。这里面涉及改革共识的重建、改革动力机制的完善、改革的利益平衡与激励相容等内容。

（一）重建改革共识

如果说30多年前的那场改革的启动，凝聚了全社会最大的共识，因为不改革就真的是死路一条，那么今天，在还存有活路的情况下，在还有一些资源可供挥霍的情况下，在经济体制深刻变革、社会结构深刻变动、利益格局深刻调整、思想观念深刻变化的情况下，要形成改革共识就没那么容易了。而缺少改革共识，就难以形成改革的动力，推进改革就成了空话。

"上下同欲者胜"。战争中"上"与"下"的同心，可以最大程度减少内耗、聚合力量。推进改革需要中央和地方、政府和公众认知相同，并由此达成行动上的步调协同。"上下同欲"形成的共识基础，可以激发出最大的改革正能量，为改革攻坚克难提供坚强的保障。

改革开放已经搞了30多年，为什么今天还要继续改革？这是改革首先要面对的问题。从理论上说，由于生产关系调整以适应生产力发展是一个动态的过程，因此通过改革调整生产关系必然未有穷期；从实践上来看，改革也是解决当下现实问题的根本性途径：经济、社会、文化、金融、国企、农村、教育、医疗、养老等领域，一个个具体问题的解决，都离不开全面深化改革的推动。

不可否认，当下的中国，社会结构多层、利益格局多元、社会心态多变，不同的地区、部门和社会群体都有自己对于改革不同的期待，这是基本国情。面临各种不同的改革诉求，处理好复杂的利益关系，自然成为进一步深化改革要面对的新的更大挑战。当前在落实改革举措过程中，要特别注意避免合意则改、不合意则不改的倾向，破除妨碍改革进展的思维定式。

改革要取得所有人、所有群体一致满意，没有任何分歧，是不太可能的，但这并不意味着改革就失去共识，陷入狭隘的利益分割当中。思想认识统一是要找最大公约数，要求同存异。事实上，"市场经济""民主政治""文化强国""和谐社会"和"美丽中国"这些普遍的诉求，仍然在持续释放着红利。符合广大人民群众根本利益、符合整体发展长远目标的改革，仍然可以成为我们最大的共识。改革有没有取得最大共识，人们是否关注和支持改革，不是看有没有不同声音，而是看改革在多大程度上引发了最大多数人的共鸣。即使在赞同改革的合唱中，也不可能没有滥竽充数的"南郭先生"，没有故意唱跑调者。但这种杂音的存在不是证明改革有问题，恰恰说明需要通过改革解决这些问题。①

当前，全面深化改革的大幕已经拉开。重建改革共识要做到以下三点。一是要有历史责任感。现在如果不改革，将来就要承担由此带来的历史责任，要意识到改革对今天、明天，对未来中国发展和中华民族复兴的重要性。二是要增强改革的机遇意识和进取意识。当前仍然是中国可以大有作

---

① 《凝聚改革共识：全面深化改革系列谈之一》，《光明日报》2014年3月24日。

为的战略机遇期,是改革的窗口期,主动改革才能够冲破难关、跨越中等收入陷阱。三是要以改革为统领,用改革的思路谋划各项工作,不折不扣地把各项改革任务落到实处。

(二) 完善改革动力机制

改革开放在认识和实践上的每一次突破和发展,无不来自人民群众的实践和智慧。改革的动力来自地方、来自基层、来自人民群众的热情。要鼓励地方、基层、群众解放思想、积极探索,鼓励不同区域进行差别化试点,善于从群众关注的焦点、百姓生活的难点中寻找改革切入点,推动顶层设计和基层探索良性互动、有机结合。

不过,当前改革的动力机制有待加强。本轮改革的显著特点,就是中央首先提出顶层设计,然后自上而下进行推动。这种路径有高屋建瓴之利,但须有社会各层的积极呼应才能奏效。现在不少地方政府、公职人员的积极性尚未调动起来。大体上说,省级层面更多的在观望和等待;而县市则理所当然地认为改革还未进入自己的议程,至少两年后才能到达基层。至于各级部门,则以应付为主。各部委的改革方案大多没有出台,即使出台一些初稿,也仍然以缓解局部困境为主。在广大民众方面,他们普遍感觉改革的预期与实际进程存在差距,因而对改革的热情有所下降。显然,如果改革没有地方、没有民众的参与,只有中央的设计,那么改革就会只停留在文件中、落实在会议上。

首先,调动人民群众的积极参与。如何调动改革的积极性,关键在于让参与者在改革中受益。以往的改革能以燎原之势铺开、一步一步深入推进,根本原因就在于给人民带来了实实在在的利益、带来了公平参与和发展的机会,得到了广大人民的拥护。这是改革的最根本动力所在。全面深化改革要以促进社会公平正义、增进人民福祉为出发点和落脚点。因此,要建立公平有效的体制机制,使改革的红利、发展的成果让人民群众共享。现在利益分配确实还有很多不合理的地方,必须进行调整。但调整利益不能只以静态的观点、在既有利益格局下切"蛋糕",更要用动态的、发展的眼光,着眼于增量利益,在做大"蛋糕"的同时分好"蛋糕"。即使是既有利益格局调整,也不能简单地搞平均主义那一套。首先要把贫困人群和低收入者的利益保障好维护好,让他们在改革中获得更多的发展机会;要让中等收入阶层逐步扩大,使他们拥有更大的发展空间;还要保护高收入者的合法利益,为他们放开手脚、投资兴业创造更好的发展环境。要使不同社会群体各展其能、各得其所,让一切劳动、知识、技术、管理、资本的活力竞相迸发,让一切创造社会财富的源泉充分涌流,从而形成一个各阶层各方面广泛参与和支持改革的局面。

其次,推动基层的改革探索。当前,一些基层改革动力不足的问题须引起高度重视。实际上,改革的难点往往集中在基层,改革在基层的呼声最高,也最为强烈。这些难点中,有执行落实的"最后一公里"问题,也有发展过程中不断冒出的新情况新问题。而离开了基层探索,解决这些难点问题往往就会变得"鞭长莫及""隔靴搔痒"。当前基层改革探索存在诸多障碍,有地方领导"一把手"仍习惯追求GDP数字好看的"政绩观"作梗,有对既得利益的留恋,也有为能力所限的"不会改"。但其中最主要的,还是很多地方不知道改革的边界在哪里,担忧其"探索"违法违规从而招致各种风险。有鉴于此,倡导基层探索,还应大力营造改革氛围,理顺体制机制,改进地方领导干部政绩考核体系,系统性"激活"地方活力,让基层充盈着改革的精气神。譬如,对于一些发展已经走在前列的地方和基层,应进一步释放改革的空间,给地方更多授权,鼓励他们为一些难点问题的化解提供更多改革"样本",而不是仅寄希望于顶层设计。同时,要研究并适时制定一些鼓励基层改革探索的政策措施,对基层改革者也要鼓励成功、宽容失败,建立容错免责机制,真正免除其"大胆试、勇敢闯"

的后顾之忧，让其"甩开膀子"时有足够的底气和动力。在改革进入深水区的今天，任何一项改革都必定牵一发而动全身，如果仅靠领导个人的"魄力"与"无畏"，既难以有效推动改革，改革所潜在的负面影响也不可小视。今日的改革者所面临的更大考验应该是，如何确保民众在改革上的参与，以便最大限度凝聚改革的共识与动力。在法律不断完善、改革步入深水区、各方利益权衡更为复杂的今天，改革者更需要做的，显然是倾听民意，利用民众的支持，确保改革在既定的方向上顺利推进。毕竟，过去那种单方突进的改革，不但空间越来越少，边际效应也在不断降低。可以说，更多地遵循程序正义，让政府行为真正回归到"法无授权不可为"的法治框架内来，让民众的力量更多地参与到改革的过程中去，以确保改革在过程中的随时纠偏，才是改革所面对的当务之急；不妨真正推动改革的评价与参与机制的再造——从权力的考核与权责对等上，去激发官员内在的改革与创新动力，才是唤醒官员改革与创新积极性的不二法门。

（三）改革的利益平衡与激励相容

动力来自于激励。只有改革的参与方认为自己能够通过改革获得收益，才会有动力来呼吁改革、参与改革和推动改革。

改革涉及方方面面的利益关系，改革的实践道路，事实上就是在处理各种复杂的利益机制的过程中缓慢推进的。因此，在进一步改革设计中，应尽可能兼顾各方利益。换言之，在推动改革的过程中，我们不能仅仅关注方案，更多的注意力一定要放在重建利益平衡格局方面，应事先考虑利益受损者的补偿问题。

与理顺利益机制相关的，实际上就是所谓激励相容问题。什么是激励相容？在存在道德风险的情况下，如何保证拥有信息优势的一方（称为代理人）按照契约的另一方（委托人）的意愿行动，从而使双方都能趋向于效用最大化。说白了就是，没有人可以通过损害集体利益去实现自己利益的最大化。个人的利益和集体的利益是一致的，每个人努力为实现自己利益的目标工作，得到的结果也是集体利益的最大化。现代经济学理论与实践表明，贯彻"激励相容"原则，能够有效地解决个人利益与集体利益之间的矛盾冲突，使行为人的行为方式、结果符合集体价值最大化的目标，即个人价值与集体价值的两个目标函数实现一致化。参与者理性实现个体利益最大化的策略，与机制设计者所期望的策略一致，从而使参与者自愿按照机制设计者所期望的策略采取行动。

现在就以中央地方关系来看改革的激励相容问题。本轮改革的一项重要内容是重塑中央地方关系。当前的中央地方关系存在着权力不对称与利益不对称的问题。[1] 权力不对称性表现为既有"条条"专政过度集权、过度集中的突出问题，也有"块块"专政过分分权、过分分散的突出问题；既有"高高在上，官僚主义"的问题，也有"上有政策，下有对策"的问题。利益不对称性上，比如营改增，地方上利益受损，改革动力不强；地方事权与财力不匹配，有抱怨。特别是在长远问题、全局问题、可持续发展问题等方面，中央与地方的利益出发点并不完全一致。要想发挥中央与地方两个积极性，使二者"激励相容"，目标函数一致并最大化，就需要明确中央与地方的职能分工，总体上形成中央决策、国家规划、部门指导、省级政府负总责、地市级和县市级政府实施的分工合作体系和激励相容机制。

（四）改革的机制设计

中国改革目前遇到一个最大的问题，就是部门利益和既得利益的阻碍。回顾30年的改革就会发现，凡是"自己改自己的"，即由政府部门主导自

---

[1] 胡鞍钢等：《中国国家治理现代化》，中国人民大学出版社2014年版。

己领域的改革，一般都会以所谓"特殊性""复杂性"为理由而偏向或限于停滞，而由非自己行政部门主导的改革大多进展顺利，成效显著。比如，之所以工业领域的改革相对最彻底，就是因为决定工业体制改革方向的不是工业部门自己，结果是政府的工业管理部门撤销了，而其他"自己改自己的"政府管理部门的权力却强化了，比如发改委、教育部。这实际上是与减少政府干预的市场改革方向背道而驰了。因此，要切实推进改革，抑制改革过程中政府部门权力的扩张，就必须构建有效的制衡机制。这里可以借鉴"无知之幕"的设想，即让改革方案设计者在不知道自己利益所在的条件下进行改革方案设计。也就是既要让政府相关行政部门的干部积极参与改革，发挥他们的高素质、有经验和知实情的优势，又要让他们在参与改革时同部门利益脱钩。要做到这一点，就要让改革方案设计者不知道将来在新体制中自己所处的部门，实际上就是构建起改革机制中的"无知之幕"。最简单的做法是：从相关管理部门选调优秀干部，与无直接利益关系的专家一同组成改革工作机构，制定改革方案。同时，必须明确规定，在改革方案完成并通过之后，方案的设计者不可以再回到原来的单位，而是由组织部来另做重要的任用。让改革方案的设计者未来的地位不定，才有可能在程序上排除利益干扰。这样就既发挥了行政权力部门的人才优势、业务优势、信息优势，同时又防止行政部门利用这些优势在改革设计过程中维护自身的利益。[①] 改革的机制设计除了要考虑利益制衡，还要考虑到执行力。因此，为了顶层的改革协调和全面推进，还需要成立高级别的协调委员会，以保证各方（特别是各部委以及地方政府）意见的反馈，并有足够的权威，将不同意见协调好、"摆平"。目前由总书记任深化体制改革小组组长，意在起到统帅作用，但恐怕还不能成为一个常规的协调机制。

---

① 金碚：《构建改革机制的无知之幕》，《中国经营报》2013年3月11日。

◇◇ 顶层设计与推动是中国改革的宝贵经验

改革是一项十分复杂的系统工程，既有"破"又有"立"，进程相当漫长，而且关乎社会各阶层的切身利益，蕴藏较大的风险。没有统一、坚强的政治领导，包括具备较强执行力和公信力的权威政府，变革是无法顺利进行的。中国国情的特殊性和复杂性，也决定了政治领导包括政府作用在改革过程中的特殊重要性。过去30多年，作为领导层的中国共产党及其领导下的政府在改革中的统筹协调作用，具体体现在以下三个方面。

（一）确保改革的政治合意性

首先，确保相对明确和一致的改革方向和目标。某些转轨国家的教训表明，转轨期间，如果政治更迭过于频繁，任何一届领导者都无法贯彻一套完整的战略和政策，并且战略和政策制定受寡头政治所左右的话，政治经济的震荡就尤为剧烈，转轨的时间也会更长。在中国，目标比较一致、具有相对明确战略意图的领导者，凭借其在发起改革时的智慧和能力以及在坚持改革构想时的影响和坚定性，始终比较成功地驾驭着改革的进程，使之在方向上不发生偏离，沿着既定的目标不断前行。这是确保改革具有合意性的基础。

其次，确保改革路径的有效性。这一方面表现在中国领导层对自上而下改革的部署与引导，另一方面表现在其对自下而上改革的激励与升华。从改革方案的部署特别是初始行动的选择看，主要是由中国的领导层根据现实中最主要的约束或者说最迫切需要解决的问题以及缓解约束或解决问题的时机而相机抉择的。由于改革往往是"路径依赖"，当最初的改革推出后，后续的改革要求会接踵而来，制度变迁便沿着某种内在的逻辑向另一种路径不断演进。基于此，中国的领导层在后续的行动中，注意遵循这种内生性的轨迹，在"自觉"引导改革的进程中，尽可能确保改革的速度和顺序与诱致性制度变迁的路径相契合。也正因为如此，尽管中国看起来没有事先设计好的完整改革战略，但事后来看，中国的改革进程是符合某种合理的逻辑顺序的。对于突破已有体制框架的来自局部的改革试验和创新，中国的领导层是允许甚至是鼓励的；并且对来自基层的改革实践经验，比较成功的部分会及时加以总结和完善，出现偏差的部分也会及时给予纠正和调整；在此基础上，集中基层的智慧，将之提升到理论上来概括，提升到制度上来创新，并向全国推广。

最后，确保决策程序的正当性。这与近年来完善公共治理的诉求密切相关。最近几年，中国在进行改革决策时，注意引入公共选择过程，不断提高社会参与程度，在听取各有关部门和地方意见的同时，也更加注重采取多种方式组织社会力量包括专家等共同研讨改革方案，以提高改革决策过程的公共参与性、透明性、科学性，确保利益相关者能在某种程度上参与决策，努力使改革决策兼顾到各方面利益。

(二) 确保改革的政治可行性

首先，注重保持转型期国家的统一性和社会的稳定性。30多年来，中国在改革的过程中，注意发挥领导层"统揽全局、协调各方"的中坚作用，把十几亿人的力量凝聚起来，努力维持变革社会中的秩序。从中国改革的实践中可以看出，在推进经济主体多元化的改革过程中，依靠统一的领导，能够防止国家陷入一盘散沙和四分五裂的境地，为改革的顺利推行提供基础性的条件。

其次，注重协调各方面的利益关系，以减少改革的摩擦成本。改革是一场涉及经济基础和上层建筑许多领域的深刻革命，必然要改变旧体制固有的和体制转变过程中形成的各种不合理的利益格局，不可避免地会遇到各种阻力和挑战。特别是，由于中国在经济转轨的早期，在加速推动市场化的过程中，采取了某些策略性的选择，如对某些国有部门的策略性保护、政府部门和地方政府作为"运动员"而非"裁判员"直接参与市场竞争等，这些策略性的制度安排在经济转轨的中后期阶段可能引发利益集团的内生形成。这种内生性利益集团不同于市场化过程中由公平竞争产生的一般性利益集团，他们往往受到更强烈的激励去维持现状，以抵制某些具有帕累托改进性质的改革政策的引入。由于这些特殊的利益集团具有较一般的利益集团更强的行动能力，可以对政治决策过程施加更强的政治影响力，因此更有可能妨碍尚未完成的市场化转轨，使制度安排被锁定在低效率均衡状态。在这种格局下，利益关系调整已成为影响改革攻坚实际进程的重大因素。具有一定权威的政治力量在推进改革上的明确态度或者说对改革进程的有效管理能力可以在很大程度上对来自各方的政治影响力作出主观修正，抑制特殊利益集团的扩张，推动社会状态向有效率的均衡点移动。① 正是在这一背景下，近年来，随着改革进程的不断深入，中国在进行改革决策的过程中，注重发挥政治权威对改革的统筹协调作用，尽可能防止某些既得利益集团特别是部门和地方利益左右改革方案的制定和改革的进程。通过设置高层次、跨部门、利益相对超脱的改革协调机构来设计改革方案，有利于破除特殊利益集团的掣肘，保证改革的连续性，防止改革变形走样。

最后，注重执政能力建设。国际上有关转型经济的研究强调了政府转型在经济转轨中的重要作用。特别是为了实现政府向市场扶持型的转变，从而支持和利用市场的作用，有效的公共部门和更新政府的人力资本是至

---

① 关于这方面的理论分析，参见汤玉刚、赵大平《论政府供给偏好的短期决定：政治均衡与经济效率》，《经济研究》2007年第1期。

关重要的。有论者曾经指出,"无论对经济还是对政治而言,如何更新过时的人力资本也许都是转轨的中心问题"[①]。中国在过去30多年的改革过程中,注意推动官员职业化的变迁,着力培养其制定和执行恰当改革战略和政策的能力。这是中国领导层较之其他一些转型国家的领导层在维护和推动市场化进程中表现更为出色的重要原因之一。

(三) 确保改革的政治可信性

首先,确保改革基本政策的时间一致性。比如前已述及的土地承包政策连续性和稳定性对农户持续投资土地的激励。

其次,确保投资激励的可信承诺。这也主要反映在前面论述的相对可信的投资政策性环境与非公有制经济的蓬勃发展上。

最后,确保再分配承诺的可信性。在改革所涉及的利益调整过程中,可信的政治承诺,特别是再分配政治博弈的动态一致性是确保改革成功的重要因素。从拉丁美洲国家的改革实践看,正是个人对未来政策结果的不确定性连同可信的再分配承诺的缺乏增大了改革的阻力,弱化了改革共识。而在中国改革的过程中,领导层试图做出可置信的承诺来提高改革的收益,通过税收—转移支付计划对改革中的利益受损者进行补偿,从而增大了改革被接纳的可能性。

◇顶层设计还要与"摸着石头过河"相结合

改革开放初期,邓小平同志提出了"摸着石头过河"理论,实质是

[①] [美] 安德烈·施莱弗、罗伯特·维什尼:《掠夺之手》,赵红军译,中信出版社2004年版。

号召全党和全国人民解放思想、大胆探索，这一理论也曾指导了初期和中期的改革。现在改革向深水区推进，依靠感性认识寻找改革的突破点的做法已经不可取，必须转向理性探索，这是一种更高层次的改革，更多地依靠理论的自信、道路的自觉来引导改革向纵深发展。改革的方式由以下推上的典型示范转向以上带下的顶层设计。过去的重大改革都是群众在基层通过典型示范趟出路子、做出样子，形成示范效应，被中央发现后在全国推广，这是以下推上的改革过程。家庭联产承包就是安徽凤阳县小岗村18户农民把土地分田到户，后被小平同志首肯，在全国推广开的，这次群众首创的重大改革解决了全国人民吃饭问题、农业稳定和发展问题，也引发和推动了城市的国企改革，成为全国改革的原发点。今后的改革要靠党中央、国务院顶层设计，谋划改革方案，采取以上带下的方式在全国推进改革，这是改革的新路径、新方式和新选择。

改革到了现在这个阶段，确实需要顶层设计，以确保改革的正确方向，在重大关系和关键环节上不出大的问题。经过多年的探索实践，中国积累了较为丰富的改革经验，具备了做好顶层设计的条件。要从战略全局出发，精心进行顶层设计和整体谋划，做好不同改革措施的相互配套与衔接，全面协调推进改革。

现代市场经济是一个复杂而精巧的巨大系统，它的建设不可能边设计边施工，也不是一双粗陋的、不需结构设计的草鞋，"边打边像"，否则各个子系统之间不可能互联互通和协调互动。市场经济是一个大系统，各个地方和部门往往会从自己的工作方便和利益着眼，使制度安排有利于实现局部利益，如果先由基层各自为政进行设计，然后拼接起来成为一个体系，这样的体系恐怕是无法协调运转的。

所谓顶层设计，就是考虑到中国全面改革的新特点，有别于过去单兵突进的改革模式，对经济体制、政治体制、文化体制、社会体制、生态体制作出统筹设计，加强对各项改革关联性的研判，努力做到全局和局部相配套，治本和治标相结合，渐进和突破相促进。采取整体主义的改革战略，把握改革的系统性、关联性、配套性。改革的顶层设计涉及三个方面：

一是加强对改革的研究，做好充分理论准备。客观地说，十八届三中全会已经在理论上为我们描绘了社会主义市场经济的总体蓝图，并大致勾画了达到这一理想境界的基本路径，但是，一方面，由于改革是千百万民众参与的伟大事业，用这种理论去教育群众，并广泛吸收群众的建议，进一步丰富这一理论体系，仍是我们需要完成的艰巨任务；另一方面，由于改革涉及面极广，我们对某些方面改革的理论准备略显不足。因此，通过动员社会各种力量，加强对改革的研究，当可不断完善我们改革的理论和策略，找到更有效的改革路径。通过这一过程，我们还可提高公众对改革的参与度，调动公众参与改革的积极性。

二是需要从整体上把握改革，系统设计，全面推进，避免碎片化。虽然十八届三中全会决定已对各项改革做出了全面、系统部署，但由于改革的牵涉面过广，实践性太强，在各个领域中，改革方案均有进一步完善、细化的要求，特别是后续的整体推进规划，尤须明晰具体思路；下一步，我们需要从整体上把握改革，避免碎片化，同时，对各项改革提出明确的目标和路线图。改革应简化规则，减少繁琐的行政程序。应提高透明度，推进社会规则的重建，在更为公开透明的社会规则下，推进改革的实施。渐进改革由于"逐个""逐步"进行，在协同推进与系统性上不够，往往导致体制之间的相互掣肘。正如青木昌彦（Masahiko Aoki）在《比较制度分析》一书中指出的，一个体系中的各种制度具有战略互补性，某一项或几项制度发生变革，其他的制度要么进行相应的变化，要么就会与新制度难以配合，对新制度的实施产生阻碍。因此，制度变革本质上就应该是整体推进的——虽然在实施上可以分步进行——否则，就会存在巨大的制度运行成本。改革开放是一场深刻而全面的社会变革，每一项改革都会对其他改革产生重要影响,每一项改革又都需要其他改革协同配合。因此,改革开放是一个系统工程,必须坚持全面改革,在各项改革协同配合中推进。这样的改革,没有顶层设计肯定是行不通的。

三是加强改革的机制设计。在进行改革顶层方案设计时需要有一个超脱于局部利益的高层权威机构,在基层创新的支持下进行自上而下的设计规划和监督规划的执行。在做顶层设计的时候,一定要让更多的人参与,要倾听民众的改革诉求和基层政府的政治创新。机制设计的一个基本理念是,如果切西瓜的人是最后一个拿西瓜的人,那么,这个西瓜就会分配得很公平。改革顶层设计也应有这样的机制,即不能让改革设计变成改革利益的事先切割,而是要让所有参与改革者在其中都能看到公平分享改革利益的希望和切实的机制保障。

当然,强调顶层设计并不是要舍弃摸着石头过河。中国是一个大国,绝不能在根本性问题上出现颠覆性错误,一旦出现就无可挽回、无法弥补。同时又不能因此就什么都不动什么也不改。要采取试点探索投石问路的办法,取得经验形成共识。看得准了再推开,积小胜为大胜。中国地域广袤,各地情况千差万别,现阶段的改革又非常复杂,许多情况事先难以预料。对那些必须取得突破但一时还把握不准的重大改革,要鼓励和支持一些具备条件的地方先行先试,或者在改革试验区进行探索。成功了就及时推广,出现问题就及时纠错,把风险和影响控制在局部范围。这样做,是积极而又稳妥推进改革顺利实施的有效方法。在今后的改革进程中,既要加强宏观思考和顶层设计,更加注重改革的系统性、整体性、协同性,同时也要继续鼓励基层创新、大胆试验、大胆突破,不断把改革开放引向深入。

◇◇ 全方位改革启幕

正是在改革进入深水区,各种利益关系相互纠结,要打破僵局需要顶层设计和系统安排的情况下,中共十八大提出了经济建设、政治建设、文化建设、社会建设、生态文明建设五位一体的总体布局。相应的,中国的改革也进入了"五位一体"全方位改革的新阶段。这就意味着改革不只局限在经济领域,寻求经济体制改革本身的"纵向深入",还要突破单边的经济体制创新,将经济体制改革与政治、文化、社会和生态体制改革进一步整合起来。这就是说,推进以社会主义市场经济为基点的经济体制改革,同时加快推进以民主政治为目标的政治体制改革,以先进文化为目标的文化体制改革,以和谐社会为目标的社会体制改革,以及以永续发展为目标的生态体制改革,形成"五位一体"制度创新基础上的新型体制格局。

如果说,1994年推出了"整体推进、重点突破"的改革战略,那么,中共十八大以来的改革部署,就是升级版的整体推进战略。因为1994年的整体改革还主要局限于经济领域,而新时期(主要指十八大以来)的全方位改革则涵盖了经济改革之外的政治、文化、社会与生态文明体制改革。下面就将逐个阐述与经济改革相互配套、协调推进的其他四大改革。

(一)稳步推进政治体制改革

经济体制改革需要政治体制改革相配套,以适应社会主义市场经济体制的建立,为其创造良好的政治环境。

中共十一届三中全会以后,在对民主问题进行反思和重新认识的基础上，中国开始把民主建设摆到相对重要的位置上，提出了建设高度的社会主义民主的目标，在大力推进经济体制改革的同时，也开始深入研究政治体制改革的问题。早在1980年改革开放刚起步时，在一次中共中央政治局召开的扩大会议上，邓小平发表了题为《党和国家领导制度的改革》的讲话，系统阐述了政治体制改革的指导思想和基本思路。这篇讲话可以看作是中国决心进行政治体制改革的宣言，是指导中国进行政治体制改革的纲领性文献。在这篇讲话中，邓小平提出了权力不宜过分集中、党政要分开、不能以党代政，对政治体制改革提出了许多宝贵的意见。他指出，肃清封建主义残余的影响，重点是切实改革并完善党和国家的制度，从制度上保证党和国家政治生活的民主化、经济管理的民主化、整个社会生活的民主化，促进现代化建设事业的顺利发展。

中共十三大深刻阐述了关于政治体制改革的理论，提出"不进行政治体制改革，经济体制改革不可能最终取得成功"，并决定采取一系列的改革措施，包括：党政分开；进一步下放权力；改革政府工作机构；改革干部人事制度，建立国家公务员制度；建立社会协商对话制度；完善社会主义民主政治的若干制度，包括完善人民代表大会制、完善人民政协、实行差额选举等；加强社会主义法制建设。此后的几次中共党代会，对政治体制改革的推进都有所涉及。中共十四大提出"同经济体制改革和经济发展相适应"，"按照民主化和法制化紧密结合的要求，积极推进政治体制改革"。中共十五大提出"继续推进政治体制改革"并明确"建设社会主义法治国家"的目标。中共十六大明确提出"借鉴人类政治文明的有益成果"，并将建设社会主义政治文明与建设社会主义物质文明和精神文明一起，确定为社会主义现代化建设的三大基本目标。中共十七大提出"深化政治体制改革"，并就扩大党内民主、发展基层民主、实施依法治国、加强对权力制约和监督以及行政管理体制改革作了部署。

中共十八大将政治体制改革单独列出，作为报告的一个重要部分阐述，足见中央对政治体制改革重要性与紧迫性的认识及共识。报告把制度建设摆在突出位置，提出"更加注重改进党的领导方式和执政方式"，"更加注重健全民主制度、丰富民主形式"，"更加注重发挥法治在国家治理和社会管理中的重要作用"。

十八届三中全会则提出加强社会主义民主政治制度建设。措施有如下三个方面：一是推动人民代表大会制度与时俱进，特别提出要健全立法起草、论证、协调、审议机制，提高立法质量，防止地方保护和部门利益法制化；健全"一府两院"由人大产生、对人大负责、受人大监督制度；健全人大讨论、决定重大事项制度，各级政府重大决策出台前向本级人大报告；加强人大预算决算审查监督、国有资产监督职能。二是推进协商民主广泛多层制度化发展。协商民主是我国社会主义民主政治的特有形式和独特优势，是党的群众路线在政治领域的重要体现。在党的领导下，以经济社会发展重大问题和涉及群众切身利益的实际问题为内容，在全社会开展广泛协商，坚持协商于决策之前和决策实施之中。三是发展基层民主。畅通民主渠道，健全基层选举、议事、公开、述职、问责等机制。开展形式多样的基层民主协商，推进基层协商制度化，建立健全居民、村民监督机制，促进群众在城乡社区治理、基层公共事务和公益事业中依法自我管理、自我服务、自我教育、自我监督。健全以职工代表大会为基本形式的企事业单位民主管理制度，加强社会组织民主机制建设，保障职工参与管理和监督的民主权利。

十八届四中全会首次以"依法治国"作为主题，为加快社会主义法治国家建设进行了顶层设计和战略部署，这就是，在中国共产党领导下，坚持中国特色社会主义制度，贯彻中国特色社会主义法治理论，形成完备的法律规范体系、高效的法治实施体系、严密的法治监督体系、有力的法治保障体系，形成完善的党内法规体系，坚持依法治国、依法执政、依法行政共同推进，坚持法治国家、法治政府、法治社会一体建设，实现科学立法、严格执法、公正司法、全民守法，促进国家治理体系和治理能力现代化。

经过30多年的努力，中国的政治体制改革取得了一定的进展：在执政党制度和国家政权建设方面，引入党内民主，发展人民代表大会制度和政治协商制度，多次改革行政机构；在民主建设方面，完善城市居民自治，发展农村村民自治和基层民主；在干部人事制度方面，废除干部领导职务终身制，实行任期制，推行国家公务员制度；在法制建设方面，修改宪法，制定和修订一系列重要的法律和法规。

中国在推进政治体制改革的过程中，在总的指导思想上，既把民主建设提升到社会主义现代化建设的战略高度，又注重从实际出发，稳步推进，注重实效。从实际出发，就是根据中国现阶段的国情，不盲目超前；特别是从经济体制改革的实际需要出发，把民主建设和经济体制改革结合起来、和发展社会主义市场经济结合起来，着力于建立有利于提高效率、增强活力和能调动各方面积极性的各种制度。稳步推进，是考虑到社会主义民主建设是不能孤立进行的，必然受到经济、文化发展水平的制约，是与物质文明和精神文明建设互为条件、互相促进的。注重实效，就是民主建设是否真有成绩，最终还是要由实践的效果来检验，要看国家的政局是否稳定，居民的生活是否改善，生产力是否得到持续发展。从中国当前的情况看，在经济体制改革取得重大进展之后，保持政治体制改革与经济体制改革之间的适度协调与配套，应是继续贯彻上述指导思想的重要内容。

（二）逐步推进文化体制改革

推进文化体制改革主要是为了不断满足人们日益增长的精神文化需求，

形成有利于改革开放的理论指导、舆论力量、价值观念和文化条件。

改革开放之初,在总结历史经验的基础上,中国明确划分了物质文明和精神文明这两个概念,并且把社会主义精神文明看作是社会主义的一个重要特征和优越性的重要表现,从而强调在建设物质文明的同时,必须努力建设社会主义精神文明。这是对马克思主义做出的重要贡献。在此之前,在中共文献中没有明确地把人类文明区分为物质文明和精神文明这样两个方面,也没有用精神文明这样简洁的概念来概括诸如教育、科学、文化、思想、理想、道德、纪律等文明现象。而且,在过去的论述中,并没有把精神文明作为奋斗目标来加以建设,因此也不可能把社会主义精神文明提到社会主义特征的高度。

在确立社会主义精神文明建设的奋斗目标后,随着建设中国特色社会主义实践的发展,中国对精神文明建设包括文化建设规律的认识不断深化。多年来,为适应社会主义市场经济的要求,着力发展社会主义先进文化,建设和谐文化,不断深化文化体制改革。这方面的重点有二:一是整体价值系统的改革,也就是以构建社会主义核心价值观为基础,同时推进文化的多元化。旨在通过知识体系、价值观念、思想信仰和行为规范建设,产生普遍的社会认同,凝聚和激励社会成员,保持社会协调和稳定。二是深化文化事业单位改革,着力点是划清公益性文化事业与市场性文化产业之间的界限,形成各自不同的运行机制。前者以政府为主导(表现在供给责任特别是投资责任,或支付和购买责任上),旨在为全体社会成员提供基本的公共文化服务,保障其文化权益;后者以市场为导向,以满足社会成员多方面、多层次的精神文化需求。

(三)加快推进社会体制改革

伴随着市场经济的发展,中国的社会结构和利益格局相应发生了前所未有的深刻变动。同时，随着政治体制改革的推进、民众民主法制意识的增强和政治参与积极性的提高，人们思想活动的独立性和差异性越来越强。在这种空前的社会变革面前，中国近年来对社会和谐的认识不断深化，并努力探索新的社会运转和社会服务机制，以形成一套与经济市场化、政治民主化和文化多元化相适应的新型社会治理模式。

中国在推进社会体制创新的过程中，着重处理了三组关系：一是国富与民生的关系。也就是在经济高速增长、国家综合实力不断增强的同时，通过制度建设，使经济发展成果更多体现到改善民生上，为改革开放创造良好的社会环境和条件。这方面的重点是围绕就业、收入分配、社会保障、教育和医疗卫生等民众最关心、最直接、最现实的利益问题，推进政府转型，着手建立和完善公共财政体制，努力实现公共服务的均等化。二是活力与秩序的关系。一方面注意激发社会活力，发挥社会组织和社会成员的创造力；另一方面努力建立与市场化相适应的社会秩序，重点是推进"政社分开"，培育发展各类民间组织，发挥公众在社会建设和管理方面的协同作用，构建政府与社会分工协作、共同治理的制度安排。三是多元与平衡的关系。在顺应经济成分多元化和社会力量多元化趋势的同时，注意平衡和协调多元力量之间的利益关系，注重社会公平和正义，建立健全各种协调利益关系的体制机制。

（四）着手推进生态文明体制改革

十八大报告强调生态文明与我国建设中国特色社会主义道路前进中面临的突出困难和问题有着紧密联系——从十七大报告指出"经济增长的资源环境代价过大"，到十八大报告再次警示"资源环境约束加剧"。我国能源资源总量丰富，但人均占有量低，且分布不均衡，土地等稀缺资源的约束也正在强化。我国生态环境非常脆弱，全国森林覆盖率低，沙化土地、水土流失、天然草原退化面积大,地表水、近岸海域环境质量不容乐观,生物多样性减少,一些重要的生态功能区功能严重退化。我国主要污染物排放量巨大,环境污染严重,人民面临的生存环境比较恶劣。因此,解决我国资源环境约束已经到了刻不容缓的阶段。正是在此背景下,生态文明被放在了非常重要的位置。

从生态文明制度建设的角度看,核心目标是追求可持续发展,也就是既满足当代人的需要,又不对后代人满足其需要的能力构成危害的发展。这就涉及财富特别是自然财富在当代人与未来各代人之间纵向的公平分配问题,实际也是永续发展的问题。

对中国而言,面对日益突出的资源环境约束,需要从多方面找寻对策,制度创新是其中的重点。一是深化生态环保领域改革创新,加快自然资源及其产品价格改革,建立和完善反映市场供求和资源稀缺程度、体现生态价值和代际补偿的资源有偿使用制度和生态补偿制度。大力发展环保市场,推行环境污染第三方治理,充分发挥市场机制的激励约束作用。二是抓好关键环节和重点领域工作,严格按照主体功能区定位推动发展,加快划定生态保护红线,着力解决大气、水、土壤污染等突出环境问题;优化国土空间开发格局,科学布局生产空间、生活空间、生态空间,给自然留下更多修复空间;充分发挥政府的统领引导作用。三是加大生态环境保护力度,建立健全自然资源产权法律制度,能源、水、土地节约集约使用制度,水、大气、土壤等污染防治制度,切实抓好新修订的《环境保护法》的贯彻实施,充分发挥环境法治的规范保障作用。

第 九 章

更好发挥政府的作用:重塑政府职能

深度推进中国的经济体制改革,需要在企业—市场—政府的关系中实现协调与平衡。从当前整个经济体制改革的进程看,通过前一阶段改革中微观基础的形成和市场体系的建设,企业和市场这两个环节的改革取得了比较大的进展,而政府管理体制改革明显滞后,成为最大的"短板"。由于它的滞后和牵制,垄断性行业改革,土地、资金等要素市场化改革,收入分配制度改革等关键领域和重要环节的改革陷入胶着状态,有的甚至处于"不进则退"状态。这就需要尽快"补短",寻求管理体制改革的突破性进展。政府管理体制改革的核心是政府职能的转变,也就是实现政府职能定位由经济建设型向公共服务型的转变。目前来看,各级政府的建设型特征仍比较突出,在向服务型政府转变方面还面临不少深层的体制性障碍。下一阶段,唯有进行更深入的体制性变革,才可能在政府职能转变方面实现突破。

◇◇ 政府行为的扭曲

就当前政府行为的扭曲而言,越位、缺位与错位并存,其中又以越位问题表现尤其突出。目前来看,政府主导经济发展的模式还没有完全改变,政府部门仍然大量通过投资项目审批、市场准入、价格管制等手段直接干预企业的微观经营活动。近年来,政府以宏观调控的名义进一步强化了对微观经济活动的干预。特别应看到的是,各级政府仍将精力相对较多地投入生产经营领域,承担了大量的经济建设职能,因此其还具有典型的建设型政府特征。在我们看来,地方政府过度渗入微观领域、直接参与经济运作,特别是在招商引资、土地经营方面所具有的强烈冲动,都表现出鲜明的公司化行为特征。美国斯坦福大学政治系教授戴慕珍(Jean Oi)曾使用"地方政府公司主义(local state corporatism)"[1] 这一概念相对直接地剖析了中国地方政府的企业化行为。目前来看,这种"地方政府公司主义"或者说地方政权"发展型政府"的特征仍然广泛存在。

需要指出的是,在政府主导型经济发展模式所引发的政府行为微观化、企业化、趋利化的背景下,尤其应防止"坏的市场经济"的出现,也就是政府强势介入过程中所产生的权力与资本合谋、权力与利益交换的权力市场化倾向。这可能使深度介入的政府权力无法随着经济发展阶段和市场成熟度的变化而适时退出,进而使制度安排长期被锁定在低效率均衡状态。对我们来说,世界上一些国家(如一些拉美国家和东南亚国家)因一个无处不在、极为强势的趋利性政府而带来的危害就是前车之鉴。这些由权贵控制和主导的市场经济国家纷纷落入发展的陷阱、无法顺利实现现代化的教训值得我们深刻吸取。

相对于经济建设职能的突出地位,政府的公共服务职能仍然偏少偏弱。"十一五"以来,虽然按照新发展观和构建公共财政的理念,财政支出向教育、医疗卫生、社会保障等公共服务领域给予了更大程度的倾斜,但同国际标准相比,投入仍然偏低。

首先是政府教育支出方面。公共教育支出占 GDP 的比重,多年来在 2%—3% 的水平徘徊,直至 2012 年才首次超过 4%,最终实现了中国政府

---

[1] Jean Oi, 1992, "Fiscal Reform and the Economic Foundations of Local State Corporatism in China", *World Politics*, Vol. 45, No. 1.

早在 1993 年就发布的《中国教育改革和发展纲要》中承诺的"要在 2000 年实现国家财政性教育经费占国民生产总值 4%"的目标，但 2013 年这一比例再次降至 4% 以下。① 这一比例在国际比较中亦处于较低水平，2010 年世界平均水平为 4.9%，低收入国家为 4.1%，中等收入国家为 4.8%，高收入的 OECD 国家为 5.4%（2011 年）。

其次是政府医疗卫生支出方面。公共卫生保健支出占 GDP 的比重，多年来持续保持在 1% 以下的水平，近几年略有提高，2013 年为 1.5%。按照世界银行的统计口径，2012 年世界平均为 6.1%，高收入的 OECD 国家为 7.9%，而中国则为 3%，处于相对较低的水平。再看公共医疗支出占总医疗支出的比重，2012 年中国为 56%，低于高收入的 OECD 国家（61.4%）和世界平均水平（59.8%）。

最后是政府社会保障支出方面。财政就业和社会保障支出合计占当年财政支出和 GDP 的比重，近几年分别提高到 10% 和 2% 左右的水平。但要看到的是，社保就业支出占 GDP 的比重，近年来上升比较缓慢；社保就业支出占财政支出的比例，近年来始终在 10%—11% 的水平上徘徊，而国家在 21 世纪初制定劳动和社会保障事业"十五"规划时，就提出了"逐步将社会保障支出占财政支出的比重提高到 15%—20%"的目标。同时应指出的是，当前社会保障支出占财政支出的比重和占 GDP 的比重，即便与 20 世纪 90 年代中期的国际水平相比也明显偏低，当时高收入国家的这两个比例已分别达到 27.5% 和 12.2%，中等收入国家也分别达到 15.7% 和 4.6%。目前来看，在一些国家的公共财政体系中，社会保障及福利方面的公共消费是政府最主要的支出项目，一般能达到 40% 左右。

---

① 这里的判断是基于国家财政用于教育的支出占 GDP 的比重作出的。如果考虑更宽口径的国家财政性教育经费（主要包括公共财政预算教育经费、各级政府征收用于教育的税费、企业办学中的企业拨款、校办产业和社会服务收入用于教育的经费等）占 GDP 的比重，2013 年略超过 4%，为 4.3%。

◇ 调整财税激励，矫正地方政府微观化行为

鉴于财税体制对地方政府行为的深刻影响，要促进政府行为的转变，需要从调整财税体制入手。这种调整的核心是应设法改变对地方政府行为的激励方向，即切断地方财政收入增长与政府重视生产经营之间高度关联的纽带，而使地方财政收入增长与政府有效提供公共服务之间更加直接地联系起来。具体来看，可采取如下举措。

第一，降低间接税比重，弱化地方政府单纯追求产值增长的扭曲式激励。

一般来说，在经济发展水平尚不发达的阶段，由于人均国民收入水平相对较低，税收征管能力也相对有限，因此，所得税、财产税等直接税税源不足，相比之下各种流转税的征收更容易实现，形成以间接税为主的税制安排具有一定的必然性。据有关资料显示，直接税与间接税的比重，高收入国家一般为2:1，中等收入国家一般为1:1，低收入国家一般为0.4:1。这也就意味着，随着中国由下中等收入国家转向上中等收入国家，以及与之相伴的国民收入水平和税收征管能力的提升，扩大直接税、减少间接税（特别是在地方层面，建立以财产税、所得税等直接税为主体的税收体系，相应降低增值税、营业税等流转税的比重），就具有了更为坚实的现实基础。在这种内在机制发生作用的同时，还可以更加主动地通过税制结构的重新设计来适当降低间接税在整个税收收入中的比重。比如，进一步改革和完善增值税制度，在增值税由生产型向消费型转型改革的基础上，调降增值税税率，扩大抵扣范围，改变增值税税负水平偏高的现状。就今后几年间接税比重的调整目标而言，可先大致设定在40%—50%的区间，之后再相机作出进一步的调整。

在调降间接税比重的过程中，对于某些税种，在条件适宜的情况下，应探索改革从企业生产项下和从生产地收取的体制为从销售环节和产品最终消费地收取的体制。这一方面可以削弱地方政府与扩张生产规模之间直接的利益关系，弱化其直接参与生产经营活动的激励；同时也可以强化地方财政收入增加与当地居民收入和消费水平提升之间的直接相关关系，促使地方政府更加重视本地居民福利水平的改善。

第二，调整现行的与土地、房屋有关的财政收入制度，遏制地方政府经营土地的冲动。

可考虑将一次性收取的土地租金和集中在开发、销售环节的税收整合为统一的房地产税，探索在不动产保有环节统一征收以房地产价值为税基的物业税或不动产税（特别是对居民房产征税），作为地方上一个稳定的大宗财政收入来源。并借此把地方上短期行为的土地财政改造成为长期行为的土地财政，即从过分关注经营城市，转向努力提供公共服务。因为只要地方政府专心致力于优化辖区公共服务提供，就会使本地区的吸引力逐步提升，并引致地方不动产的不断升值，从而相应扩大辖区内的税收来源。当作为未来地方主体税种的物业税价值在很大程度上取决于地方政府所创造的治理环境时，就将地方财源的培养与当地居民的安居乐业直接联系起来，从而将地方政府的行为引入与其职能定位相符的更加规范合理的方向。

而在物业税正式推出之前，应进一步规范土地收入管理，严格将土地出让金全额纳入地方预算，实行"收支两条线"管理，并在地方建立"国有土地收益储备基金"，加大在征地拆迁补偿、耕地占补平衡、廉租房建设和对低收入家庭的住房补贴等方面的投入力度。也可考虑将土地批租制改为土地年租制，也就是将一次性收取几十年的土地出让金改为每年收取一次土地年租金（土地使用费），由此减弱地方政府盲目出让土地的内在驱动力。

第三，在坚持分权原则的前提下，合理划分各级政府的财权和事权，改变由此衍生的地方政府融资压力和扭曲的行为模式。

通过财税体制调整促进政府行为转变,最为关键的内容还是央地间财政关系的调整。中央与地方财政的关系问题,核心是要解决在财力分配和政府职能分配上是适度集中还是适度分散的问题。在这方面,我们的基本看法是顺应国际上分权化改革的趋势,继续坚持分权原则。而且,这种分权不仅体现在支出层面,同时也反映在收入层面。

1. 在事权划分上,继续充分发挥地方政府作用;同时,适当强化中央政府的支出责任

(1) 重视地方政府在公共服务提供中的作用,一是有利于解决信息不对称的问题;二是有利于加强公共参与。根据分权理论,地区之间的巨大差异必然会导致各地使用者对公共服务的异质性偏好,而辖区范围较小的基层政府能利用其信息优势更准确地对当地的需求作出反应和决策,能更有效地提供符合当地偏好和当地具体条件的公共服务,从而能更好地满足使用者,保证基层政府在公共服务提供方面的更高效率。而且,基层政府更能够监督服务质量,也更容易负起责任。公共选择理论的研究则表明,成员数量较少的"小集体"较之成员数量较多的"大集体"具有更高的公共服务效率。将支出责任下沉到地方,有利于将财政决策纳入普遍的公共选择过程,强化财政决策程序的公共参与特征。

(2) 重视地方政府的作用,并不意味着中央政府由此可以甩包袱。在确定中央和地方的支出责任边界时,总的原则是考虑公共服务的受益范围。对于受益范围遍及全国、具有显著规模效应和溢出效应的全国性的公共服务,中央政府应负有主要的支出责任。近年来,随着人口流动规模的不断扩大,一些原具有地方属性的公共品产生了显著的跨地区甚至全国性的溢出效应,如公共卫生和基本医疗、义务教育、养老保险、失业保险等。以基本养老金为例,从国际上一些国家的做法看,普遍由中央政府统筹资金筹集和管理,使养老金账户具有了可携性。当全国性

的养老金体系整合形成后，不仅有利于劳动力在全国范围内的自由流动，也使养老金标准在不同区域之间趋向均等。而中国是世界上少有的养老保险由地方管理的国家。在碎片化的管理模式下，养老金账户跨省跨市转移困难，对劳动力市场的流动性以及产业在区域间的转移造成了负面影响。下一阶段，为构造中央与地方政府之间合理的职能分工格局，可考虑将养老、流动人口子女义务教育、司法、食品药品监管、跨流域大江大河的治理和跨区域的污染等领域的支出责任，适度上划到中央，并借此降低专项转移支付的比重，削弱财政部门自由支配资金的权力，杜绝"跑步（部）进京"的不正常现象。需要指出，充分发挥地方政府在公共服务提供中的作用与适当强化中央政府的支出责任在某些情况下可以是并行不悖的。这实际上涉及公共服务筹资与服务的分离问题。典型的如基础教育，在世界上一些国家，是由基层政府负责提供服务，而由高层政府负责提供资金。这样，不仅可以在服务提供中让决策者尽可能地了解需求；也可以在公共支出过程中贯彻平等标准，实施普遍覆盖，确保区域间的公平性。

2. 在财权划分上，以设法增加地方自主性财政收入为核心目标，完善地方主体税种，合理划分共享税、改革税权过度集中的体制

国际上关于财政分权研究的结果表明，为了更好地实现问责，政府的大部分支出应来自于自身的收入来源，这样更有利于地方政府对辖区内居民（课税对象）负起责任，为本地区提供合意的公共产品。为此，应在收入层面实施更积极的分权化改革，以此矫正目前支出责任和收入权力非对称性分权和地方财政高度依赖转移支付的格局。

（1）合理划分各级政府的税种。在各级政府之间，特别是中央与地方政府之间税种的划分原则上，国际上不少财政学者提出了各自的理论。其

中比较著名的是美国财政学家马斯格雷夫（Musgrave）的七原则论①，其主要观点是：第一，由于社会公平关乎全体公民，因此以收入再分配为目标的累进税应划归中央；而且，采用累进制税率对个人征收的税种也应由最有能力采用综合税基的那一级政府征收。第二，因为宏观稳定需要由中央政府在全国范围内进行调控，因此作为稳定经济手段的税收应划归中央，而具有周期性稳定特征、收入起伏不大的税收应划归地方。第三，地区间分布不均的税源应划归中央，否则会引起地区间税收收入的不平衡。第四，课征于流动性生产要素的税收最好划归中央，否则会扭曲资源在地区间的优化配置。第五，依附于居住地的税收（如销售税和消费税）较适合划归地方。第六，课征于非流动性生产要素的税收最好划归地方，因为税率差异不会改变生产要素的地区分布，可避免因地方税收竞争导致资源配置的效率损失。第七，受益性税收及收费对各级政府都适用。综合马斯格雷夫等人的研究成果，比较适宜划归地方成为地方主体财源的税种主要应具备以下特征：第一，税源具有明显的区域性、不易流动性；第二，以居住地

---

① 除此之外，其他一些学者也围绕税收划分的原则进行了研究。如：明茨（Mintz）提出了五原则，即效率（税收划分要尽量减少对资源优化配置的影响）、简化（应使税制简化，便于公众理解和执行）、灵活（有利于各级政府灵活地运用包括预算支出、税收补贴等措施在内的一系列政策工具，使税收与事权相适应）、责任（各级政府的支出与税收的责任关系应协调）、公平（要使全国各地区间的税种结构、税基、税率大体平衡，即各地居民的税负应平衡）。鲍德威（Boadway）等人提出了六原则，即所得税关系到全社会的公平，应划归中央；为保证全国统一市场的形成和资源在全国范围内自由流动和优化配置，对相关的资本税、财产转移税等税种应划归中央；对资源课税涉及公平与效率目标之间的权衡，应由中央与地方共享；具有非流动性特征的税收是地方所辖市政府收入的理想来源；作为受益性税收的社会保障税，可由中央与地方协同征收管理；多环节征收的增值税、销售税应划归中央，单一销售税、零售税等较适宜划归地方。塞力格曼（Seligman）提出了三原则：一是效率原则，即政府间收入划分应以征税效率高低作为标准；二是适应原则，即政府间收入划分应以税基的宽窄作为标准，税基宽的税种可为中央税，税基窄的税种划归地方政府；三是恰当原则，即政府间收入划分应以税收负担公平与否作为标准。

为基础，可以有效地按照受益原则征收；第三，信息要求较细，地方征管效率更高。照此特征衡量，财产税，特别是课征于不动产的物业税被公认为是最适合地方政府掌握的税种，具有成为地方税主体税种的优良潜质。首先，不动产具有难以位移、非流动性的特征，税源比较稳定。其次，不动产税所负担提供的公共品具有明显的受益区域和受益对象范围，可以体现受益征税的原则。再次，不动产差异性显著，征税信息需求量大，地方政府具有管理优势。

从国际上看，在许多国家，财产税都划归地方，成为不少实行分税制国家级次较低的政府（主要是县市一级）财政的主力财源。比如，从美国的情况来看，在联邦、州、地方三级政府构架下，地方政府，包括市、县、镇、学区和专区等都开征了财产税，其在地方税收收入中占有绝对比重。作为地方政府的主要资金来源，财产税支撑着地方政府的公共管理活动。对于财产税，地方政府拥有部分立法权和全部执法权，可相对自主地决定财产税的税基与税率；并进行税款征收、日常管理和监督检查等一系列工作。在其他的一些发达国家，地方政府的财产税规模也普遍较大，成为其地方财政收入的重要组成部分，甚至是地方税收体系中的主体税种。

而从中国的税制结构看，目前主要课之于不动产（房地产）的财产税收入也基本上划归地方，在地方税收收入中也占有一定的份额；但总的看，财产税收入规模偏小，离地方税主体税种地位或地方主力财源地位还有一定的距离。政府税收收入多以商品税为主，所依赖的主体税种主要是增值税、营业税，而财产税占地方财政收入总额的比重却非常低。客观而论，不同的经济发展阶段，特别是不同的工业化和城市化水平，会导致不同的税制结构，因此中国的地方政府与发达国家的地方政府不具备可比性。但即使考虑到这一发展水平的差异，中国地方层面的财产税规模也系统地低于发达国家。即使在一些城镇化水平已经达到一定程度的基层政府，财政收入结构也并无本质性变化。

有鉴于此，应结合前面提到的土地、房屋税制改革，通过开征物业税或不动产税来优化地方税结构，将其逐步培育成为地方政府的主要税源和地方税的主体税种，以此提高地方财政的自给率。除了财产税外，从国际上地方税体系的普遍特征看，资源类税种以及目的和行为类的税种也是地方税的主体形式。为此，应加快资源税的改革，并尽快开征环境税、碳税，作为地方主体收入来源的重要补充。

在发展基层政府支柱财源的同时，也可考虑适当缩小共享税的比重，并对地方财政和中央财政的收入比例做一些调整，适度提高基层财政的共享税分成标准。尤其是省以下各级政府间财政收入的划分，也应采取按税种或按比例分享等规范办法，合理界定各级政府的收入来源，科学划分收入级次及共享收入分成比例。

（2）合理划分各级政府的税权。为改变目前税权过于集中的局面，应进行更加深入的分权改革，适当扩大地方政府的税收管理权限，使其拥有更大的财政收入自主权。具体而言，对某些全国性影响相对不显著的税种，可在中央制定统一税收条例的前提下，允许地方政府根据各自的实际情况，对税目、税率、税基等税制要素，在一定的限度内作适当的规定和调整。比如，中央可设定统一的税率浮动范围，允许地方政府在此范围内自行选择。而对某些征税效应具有明显区域性的地方税，应扩大地方政府税种方面的选择权，允许地方政府在中央必要约束条件下通过地方人大的立法程序自行开征地方自己的税种。

3. 寻求地方政府间竞争机制的新路径

在谈到财税体制调整和矫正政府行为这一问题时，还有必要对财政分权所引发的地方政府间的竞争作一深入分析。长久以来，中国地方政府强大的分权激励和地方政府之间的竞争被认为是促进经济增长的重要动力。

"中国特色的联邦主义"假说[1]强调了中国式的政府分权有助于增进中央对分权承诺的可信度并减少地方政府的软预算约束。该理论认为，中国的分权化制度安排对地方政府而言，带来了激励结构的改变，使其具有很强的动机去保持和维护市场化进程，推动地方经济增长。近年来有的学者在此理论基础上进一步考察了中国分权的特殊经历，尤其是具有中国特色的激励地方官员推动地方经济发展的治理方式，即地方官员之间围绕GDP增长而进行的"晋升锦标赛"模式。在该模式中，以GDP为主的政绩考核机制使得地方政府官员面临的政治激励与推动地方经济增长激励之间实现兼容。[2]

如果说经济增长是过去阶段唯一发展目的的话，那么，随着发展视野融入更多的"人文关怀"以及由此所呼唤的政府职能转变，需要考虑的问题是，如何将地方政府间的竞争从单纯地促进经济增长向更多地导入促进公共服务上改善。

按照传统的财政分权理论特别是财政联邦主义理论的一般性观点，政府间财政竞争（当然也包括地方政府的信息优势）应该有助于改善公共品的提供，进而提高居民福利水平。因为，对于理性的居民而言，他们比较享受居住地公共服务的收益与履行纳税义务的成本；在这一比较的约束下，地方政府有最有效地提供公共品的动力。

---

[1] 参见 Montinola, G., Yingyi Qian and Berry Weingast, 1995, "Federalism, Chinese Style: the Political Basis for Economic Success in China", *World Politics*, 48 (1): 50 - 81; Qian, Y., and B. Weingast, 1997, "Federalism as a Commitment to Preserving Market Incentives", *Journal of Economic Perspectives*, 11 (4): 83 - 92; Qian, Y., and G. Roland, 1998, "Federalism and the Soft Budget Constraint", *American Economic Review*, 88 (5): 1143 - 1162; Jin, H., Y. Qian and B. Weingast, 2005, "Regional Decentralization and Fiscal Incentives: Federalism, Chinese Style", *Journal of Public Economics*, 89 (9 - 10): 1719 - 1742。

[2] 参见周黎安《中国地方官员的晋升锦标赛模式研究》，《经济研究》2007年第7期。

具体到未来的地方实践，我们认为，可考虑借助物业税的推出，通过人口自由流动条件下的迁徙和"用脚投票"（流动性要素的退出威胁）机制来形成地方政府之间的竞争。也就是，居民通过变换居住地选择公共服务（如教育），可以在很大程度上影响地方的经济容量尤其是影响房地产的价值，进而对基于地方房产价值的不动产税产生实质性影响。于是，地方政府就具有了努力改善公共服务的激励机制。

需要指出的是，同样是基于吸引流动性要素流入而展开的财政竞争，这里所主张的财政竞争是吸引人口要素流入所带来的财产税税源之争，可以相应提升居民的福利水平，是一种良性竞争。而目前各地普遍采取的财政竞争是为吸引资本要素和产业流入的税收减免之争，主要出于招商引资和促进生产的目的，在一些地方已逐渐演变成某种"竞次"策略，即所谓打到底线的竞争（race to the bottom），有恶性竞争之嫌。因此这两种财政竞争具有本质的不同。

◇◇ 去"土地财政"，克服地方政府的趋利化行为

目前来看，地方政府对"经营城市"的强烈偏好，与其仍然保持着过大的土地资源配置权力密切相关。为此，应加快土地要素配置和价格形成的市场化改革，进一步压缩划拨土地的比例，加快建立经营性基础设施用地的有偿使用制度，设法扩大招标、拍卖和挂牌交易等市场竞争性出让资源方式的使用范围。对于现存的资源价格"双轨制"，应尽可能实现并轨。为体现公益性目标的价格支持，在适用范围和使用力度上应严格控制，当非市场化价格不可避免时，应在市场化价格和非市场化价格之间构筑严密的隔离机制；同时非市场化价格形成并不意味着资源可以无偿使用，应通过建立资源有偿使用制度，以体现最基本的成本和价值观念，尽可能缩小

"双轨"的落差。事实上，价格支持应更多体现为前端支持，可考虑通过支持环节的后移（价格补贴）来实现公益性目标，进而从根本上消除"双轨制"存在的空间。

从矫正政府行为的诉求出发，土地制度改革的根本是切断政府利用对土地资源的垄断性经营权获取利益的管道。这里的关键是厘清政府的角色定位，应逐步弱化政府作为土地交易者和直接经营者的角色，强化其服务者和监管者的角色。

一方面，应改革行政性强制交易为市场化自愿交易，政府不再凭借强制力直接介入土地资源的交易，而应按照"依法、自愿、有偿"的原则由土地现有使用者和潜在需求者直接谈判和交易，政府只是作为第三方负责制定交易规则，监督交易行为，提供交易服务，维护好交易环境和秩序。

另一方面，可考虑将政府系统与国有土地资产管理和运营系统分开，由单独的国有土地资产管理系统（类似土地国资委）执行所有者职能，取得国家作为资源所有者应得的资源交易收益，政府只是获取资源交易过程中产生的相关税收收入；政府也不再直接经营国有土地资产，而由国有土地资产运营系统（类似土地国有资产经营公司）获得授权独家经营，在这种资源垄断性运营的次优安排下，需要强化政府的监管者角色，通过价格监管防止垄断定价和垄断暴利。在必要和可行的情况下，也可考虑成立若干个国有土地经营公司，形成适度竞争的市场格局，以避免畸高的垄断性价格。

应通过上述交易制度的改革及其"双分开"从根本上切断政府利用对土地资源的垄断性经营权获取利益的管道。

在土地制度改革中，一个很重要的方面是征地制度的改革。综合世界各国的土地制度安排，征地制度是政府解决重大公益项目用地的主要手段。尽管各国国情不同，但在征地制度方面，普遍遵循着三项基本的原则，即符合公共利益原则（public benefit or public use）、确保公平补偿原则（just compensation)、法律程序正当原则（proper law procedure）。

下一阶段，应在已出台的《国有土地房屋征收和补偿条例》的基础上，进一步考虑集体土地征用的规范问题。关于这一问题应坚持以下三点。

（1）政府不得随意收回农民的土地使用权（包括改变土地的使用方向），应将动用国家权力收回土地使用权的行为严格限制在公共利益之内。① 而对于非公益性的改变土地使用方向和土地使用权转让，原则上无须再经政府征收转为国有，而直接由土地出让人和受让人在法律许可的范围内自主决定进行流转。

需要指出，为了防止征地权力的泛化，使公共利益的界定更加明确，有关法律在定义公共目的时，应将原则法和列举法相结合。也就是说：除了列出因公共目的而征地的一般原则外，还应列出公共目的的具体范围。从国际上看，关于公共利益的具体范畴，普遍涉及六个方面，即交通建设、公共建筑物建设、军事用途、公用事业需要、土地改革以及其他公共设施。

（2）政府如果确实需要收回土地的使用权，也不宜以非经济手段强行收回，而应以购买的方式收回，即实行征购。在这一过程中，土地现有使用者有获得合理经济补偿的权利（所谓合理经济补偿，就是土地现有使用者不因征地而增加经济利益或蒙受经济损失。这里的经济损失既包括土地征收行为所带来的直接损失，也包括一些间接损失和机会成本，特别是预

---

① 事实上，即便是出于公共利益需要，政府需要使用非国有土地时，也并不一定要采用征用的方式。在一些国家，比如澳大利亚，政府还可以通过租赁方式（租期为1—100年）、协议方式等使用非国有土地。从不同方式在使用中的先后顺序和频度看，一般优先选用租赁等方式，强制征地只是政府取得非国有土地的最后途径，现实中很少使用（参见窦红《澳大利亚的土地使用与管理》，《中国土地》2006年第6期）。

期收益损失），补偿标准须参照土地的市场价值公平决定；[①] 而且，对已经确权到户的土地，补偿费一般情况下应直接发放给被征地农户。

（3）在政府需要收回土地使用权时，应完善有关程序，利用公告、协商、申诉和仲裁等机制，保障土地现有使用者有充分的知情权、参与权和决策权。

从国际上看，一些法治比较健全的国家，都具有相对完善的征地程序。比如，通过透明的参与和表意渠道设计，使受征地影响的土地持有人直接参与征地全过程（包括是否征地、如何征地、如何补偿、如何实施等），从而增强利益相对方主体在征地赔偿中的话语权。再比如，为保证申诉和仲裁机制的公正性，除了由独立司法机构发挥制衡作用和提供有效救济机制外，一些国家和地区还设立了独立于征地审批机构的专业仲裁机构（如在东亚近邻地区，就包括日本的征收委员会、韩国的土地收用委员会、新加坡的上诉委员会、中国香港的土地审裁处等），如果被征收人对土地征收持有异议，则可以向该类机构提出申诉，以获得相应裁决。这些经验值得借鉴。

◇◇ 完善公共治理，强化政府的公共利益倾向

我们主张进一步加强政府的公共服务职能，其中涉及的一个重要问题

[①] 目前有一种观点认为，土地的市场价值中，有一部分是因为政府兴建基础设施而带来的，因此，以市场价值作为补偿标准并不合理。这实际上也是关于因外部性因素（包括经济社会发展和土地用途改变）带来的土地增值收益的归属问题，即"涨价归公"，还是"涨价归私"。对此，至少应明确两点：一是因基础设施的兴建而带来的土地价值调整，政府可以通过税收工具进行调节，而未必直接参与增值收益的分配。二是如果政府确需使用这一部分收益，也应遵循"取之于民，用之于民"的原则，将之主要用于公共目的，而不能满足自身的利益。

是如何确保政府真正地代表社会公众利益合理介入，或者说如何规避公共权力的异化问题。针对这个问题，国际上的理论和实践发展表明，政府治理结构的完善是一个重要着力点。政府治理结构改革的重点是建立自下而上的公共事项决策程序，使地方政府了解居民的真实需求，并作出积极的反应。

一是强化决策程序的公开透明和公共参与特征。在公共服务供给决策过程中，为使利益相关者各自的真实偏好得以显示出来，应在确保各相关利益方获取充分信息的基础上，通过引入正式以及一系列非正式的程序（如听证会、决策咨询、公民调查等），形成有效的需求和利益表达机制。需要强调的是，在这一过程中，为使分散的居民利益更好地整合起来，应积极发展公益性和自治性的基层社会组织，代表居民反映其真正的利益诉求和权益。

二是从根本上解决地方政府权力的赋予方式问题。为确保政府提供的公共服务在指向上是公共的，并且确保政府对公共需求作出及时的回应，应逐步改变权力由上级党委和上级行政部门赋予的方式，使权力真正来自于公民的授予，即由本地居民直接选举行政领导。与此相联系，改革政府的绩效考评机制，除完善上级政府自上而下的评价机制外，还应积极引入由公民参与的自下而上的绩效评估机制，测度居民对公共服务提供的满意度[1]，进而形成以结果为导向的问责机制，由此改变对基层政府官员的激励和约束条件，使其从追求上级政府支持最大化转向追求辖区内居民支持最大化。只有经过这种民主授权方式产生的政府，才能使政府作为代理人的行为最大程度地符合委托人（公民）的利益，通过不断完善政府所提供的公共服务，提高居民需求的满足程度和社会福利水平。

在完善公共治理方面，很重要的是要推行民主财政管理体制改革。因

---

[1] 从世界范围看，随着政府再造运动的兴起，为建立以满足公众需求为导向的政府，不少国家引入对公共服务满意度的测评机制，对公共部门服务质量进行评价。

为政府预算资金取之于民，既然公众将自己的财产权让渡给政府，委托政府使用所汇集的财政资金提供公共服务，那么，就应该真正用之于民，推行财政的民主化，确保财政事务的处理按照民主程序进行，社会成员的公共需求得到充分的反映，公民在财政事务上的意见得到政府回应，政府财政行为受到公民的监督。一言以蔽之，就是要构建公民普遍参与的公共预算制定决策机制以及预算执行和决策结果的监督机制。

为此，在公共预算、决算和财务管理过程中，应加强公共参与，把财政决策纳入普遍的公共选择过程，确保利益相关者能在某种程度上参与决策，使政府更好地把握辖区内居民的公共品需求偏好，尽可能使决策兼顾到各方面利益。同时实行公开透明的预（决）算管理机制，提高公共资源使用的透明度，尽可能全面、详细、及时地向社会公布政府财政的收支状况、赤字状况、政府的资产和负债状况以及政府间的转移支付状况，以在此基础上提高对政府预算的民主监督和政府行为的约束力。可考虑引入以结果为导向的预算制度（result-oriented budgeting 或 target-based budgeting），通过公众、独立专家及民间组织构成的社会评价监督力量，对财政预算执行情况进行绩效评估，并相应建立起政府问责机制。应该说，与现行的自上而下的行政性监督体制相比，这种基于辖区内居民自下而上的财政监督制度，更有利于对财政资金的使用进行监督，评估其方向是否合理、效率是否较高，从而确保财政支出能够真正满足民众需求、完成公共预算的预期目标，并且确保以尽可能低的支出成本获得尽可能高的社会收益。

◇◇ 探索公共服务供给主体多元化

这事实上是政府责任的限度问题。强调政府在公共服务领域的基本责任，并不意味着主张回归过去那种政府大包大揽的局面，而只是强调政府在最基本的公共服务中的支付责任。这一方面是因为作为发展中国家,面临政府财力的限制,更重要的,还要避免因过度保障而带来负面激励和道德风险问题。部分高福利国家经济活力不足、经济增长迟缓的教训值得吸取,拉美民粹主义的危害也是前车之鉴。

与政府责任限度相关的另一个重要问题是公共服务供给模式的合理选择。在这方面,无论是理论发展还是已有实践都表明,依托于市场机制的私人部门,以及依托于自愿机制的第三部门(包括社区组织),都是可以充分利用的公共服务供给力量。也就是说,我们不宜过分强调政府的供给责任,而应更多强调竞争、私人参与等市场化运作机制的作用,政府只需加强相应的监管责任即可。

(一) 私人部门的参与

首先是单纯生产层面的参与。从理论上讲[1],公共生产还是私人生产,取决于产品或服务的性质。私人部门有充分的激励降低生产成本,因此,当产品或服务的质量比较容易监督的时候,通过市场来组织生产就比较有效。但是,当产品或服务的质量非常难以监督的时候,如果通过市场来组织生产,私人部门的生产者就可能会牺牲质量而降低成本,这时,由政府来生产这些产品或服务就更加有效。[2] 这意味着,除了那些可度量性和可立约性比较低的领域外,原则上应允许私人部门进入所有适宜进入的领域,通过服务合同外包或政府采购合同(contracting out)、服务管理合同(con-

---

[1] 有关这方面的理论分析,参见 Hart, Oliver, Andrei Shleifer, and Robert W. Vishny, 1997, "The Proper Scope of Government: Theory and an Application to Prisons", *Quarterly Journal of Economics*, 1127 – 1161; April Harding and Alex Preker, 2003, "*Private Participation in Health Services*", Washington, D. C.: the World Bank。

[2] 此外,公立机构一般也比较适合满足同质性比较高的需求,而民间盈利机构在适应异质性需求方面一般具有较大优势。

tracting in)、特许经营合同等，充分调动私人部门在服务供给中的作用，政府同时加强相应的监管责任。① 这也意味着，即使是政府投资的领域，也可将某些生产经营环节和服务环节通过经营权拍卖、招投标制度以及承包和委托经营等形式，外包给私人部门。

其次是投资层面的参与。对于私人资本不愿进入的非赢利性和公益性领域，可通过政策设计，如权衡投资风险和道德风险基础上的政府担保、税收减免或实物支持等，尽可能撬动和吸引私人部门的投资。特别是可通过顺应市场规律和借助市场力量的机制设计，使私人参与满足某种社会目标②，这方面很重要的是引入绩效基础上的财政补贴以及补贴的公开拍卖和竞标机制。③

（二）第三部门的参与

从国际经验看，公民社会比较成熟的国家，包括行业自治组织、具有利他主义特点的社会组织（not-for-profit organizations，NPOs，如福利性中介机构、志愿者组织、慈善组织等）以及社区组织等在内的第三部门，凭借其自发性、自治性、创新性、灵活性和响应性（对服务需求做出更好的回应）的特征，在公共服务供给方面发挥了独特的作用，促进了公平与效率的良好契合。而且，这些国家的政府对第三部门参与公共服务，大都采取

---

① 除了合同监督机制外，在必要的情况下还需配合价格监管以及确保有效和公平竞争的监管。特别是针对信息不完全和信息不对称问题，在某些领域和环节也有必要加强社会性监管，如对服务质量的监管等。

② 理论和实践表明，私人参与从整体上有利于促进普遍服务，包括扩大服务供给覆盖范围，通过创新供给技术和服务模式、提高效率来降低服务成本和价格（中长期内），改善服务质量、提高对用户不同需求的反应能力等。

③ 竞争的标的可以是提供服务所需的最低补贴额，然后由政府监督特定服务标准；或在固定补贴额的情况下就某些服务标准进行招标。

鼓励、扶持的政策，通过合同外包、政府采购、资金扶助、税收优惠等方式，在彼此之间建立起一种合作互动的关系。

需要指出的是，就目前阶段农村基层的公共服务提供而言，应重视农村社区自我供给和管理的模式，或者说是消费者自主联合供给的方式。显然，这里的社区组织应是体现公民社会特征的新型自治性社区，而不是政社不分体制下的传统社区。就其实质而言，是建立在信任和互利基础上的社会协调网络，是基于伙伴关系进行合作的自主自治的网络管理。社区供给机制能够发挥作用，便于集体行动，主要得益于三个方面的因素：其一，社区成员对于关乎自身利益的社区公共事务，具有一致行动的强烈愿望；对于受益范围相对明确的具有俱乐部性质的公共产品，具有参与供给的内在动力。其二，社区成员彼此之间相互熟悉，充分信赖，沟通良好，降低了集体行动中的交易成本；社区声誉机制又对个人行为的非一致性构成有力的约束，这些都使农村社区在自我供给具有俱乐部性质的公共产品时具有合作的良好基础。其三，随着居民收入水平的提升，自我分摊的筹资方式成为可能。而且，农民通过提供劳动力、通过集聚建设和维护公共产品中所需的物资设备等，也会节约资金投入。其四，农村社区成员还可以动用各种社会关系，动员非社区成员参与资金筹措，在某些情况下类似第三部门供给机制的自愿捐助形式。于是，通过利益共同体内部各成员平等的协商，以及通过某些具备较强组织能力和一定权威声望的发起人，可以有效地进行社区公共服务的自主供给。

第 十 章

发挥市场的决定性作用：关键领域改革

党的十八届三中全会对全面深化改革作出了战略部署。经济体制改革是全面深化改革的重点，核心问题是处理好政府和市场的关系，使市场在资源配置中起决定性作用并更好发挥政府作用。如果说前面我们对于如何矫正政府行为的扭曲、使政府更好地发挥作用有了较为充分的阐述，那么，本章就将围绕如何发挥市场在配置资源中的决定性作用展开。同时，我们将讨论几大关键领域的改革，借此来展示市场的决定性作用。

◇◇ 市场作用的三次飞跃

中国的改革，一开始就是市场化取向的改革。在传统的计划经济中，逐步引入越来越多的市场因素，让市场发挥越来越重要作用，可以说是中国经济改革的一条基本主线。不过，能够在多大程度上发挥市场的作用，却是经历了道路曲折和思想解放。

（一）市场调节

自十一届三中全会召开至1992年间，我们对市场作用的认识是不断深化的，总的方向是发挥市场的调节作用。在邓小平南方讲话前还没有出现社会主义市场经济的提法。

1978年12月18日，中共十一届三中全会提出要"按经济规律办事，重视价值规律的作用"。价值规律是通过市场发挥作用的，重视价值规律的作用也就是重视发挥市场的作用。1980年2月，邓小平在其《目前的形势和任务》讲话中明确提出，在我国的经济建设中要贯彻"计划调节和市场调节相结合"的方针。1982年9月中共十二大报告提出了"经济体制改革的中心问题是坚持计划经济为主、市场调节为辅的原则"，在坚持计划经济体制前提下，有限度承认市场调节的作用。

1984年10月召开的党的十二届三中全会提出"坚持有计划的商品经济的改革方向，逐步实现计划经济与商品经济、计划调节与市场调节的有机结合"等新的论断。当年10月份，中共十三大报告明确提出"国家调节市场，市场引导企业"的新的经济运行机制。较之前一时期，市场作用的范围和内容扩大了，从有限度、小范围扩展为大量、大范围，从计划附属到和计划并驾齐驱、各擅所长。自此，在决策层面实现了从计划经济向市场取向改革的认识转变。

（二）市场的基础性作用

1992年年初邓小平在南方谈话中指出："计划和市场都是经济手段。"在关键时刻，邓小平又一次从理论上廓清了重大问题上的一些迷思，市场已经不仅仅是一种扩大范围的调节手段，而是一种和社会主义相结合的价值层面的路径选择，充分发挥市场在资源配置中的基础性作用已经成为社会主义市场经济发展的本质要求。

1992年10月，中共十四大报告正式提出，我国经济体制改革的目标是建立社会主义市场经济体制，就是要"使市场在社会主义国家宏观调控下对资源配置起基础性作用"。市场对资源配置起基础性作用就是通过价格杠杆和竞争机制的功能，把资源配置到效益较好的环节中去，并给企业以压力和动力，实现优胜劣汰。1993年3月，八届全国人大一次会议通过《中华人民共和国宪法修改案》，将宪法序言中"实行计划经济"改为"实行社会主义市场经济"。这是一次历史性进步。

1997年9月，中共十五大提出加快国民经济市场化进程，要"进一步发挥市场对资源配置的基础性作用"，就必须加快所有制等基本制度层面的改革，并明确提出"社会主义初级阶段的基本经济制度是公有制为主体、多种所有制经济共同发展"，"非公有制经济是社会主义市场经济的重要组成部分"等重要论断。2001年12月11日，《中国加入世贸组织议定书》生效，中国政府承诺遵守国际规则和开放市场。至此，适应社会主义市场经济要求的多元化市场主体已经形成，绝大多数商品价格已经由市场决定，全方位多层次的对外开放格局已经初步定型。2002年11月，中共十六大报告正式宣布，中国社会主义市场经济体制已经初步建立。

为了从制度上更好地发挥市场在资源配置中的基础性作用，2007年10月，中共十七大报告提出，要深化对社会主义市场经济规律的认识，推进公平准入，破除体制障碍；以现代产权制度为基础，发展混合所有制经济。2012年10月，中共十八大提出要加快完善社会主义市场经济体制，全面深化经济体制改革，提出"更大程度更广范围发挥市场在资源配置中的基础性作用"。

与发挥市场在资源配置中的调节作用不同，发挥市场在资源配置中的基础性作用的过程就是社会主义市场经济体制的建立和完善过程，就是由传统的单一的公有制经济转变为公有制为主体、多种所有制经济相互包容共同发展的过程。这一过程集中体现为国有经济的战略性重组和国有企业的股份制改造，逐步形成国有经济、民营经济和外资经济协调发展的国民经济三分天下，通过所有制改革实现了以产权多元化为核心的经济多元化，为发挥市场对资源配置的基础性作用奠定了一般制度基础。

第十章　发挥市场的决定性作用：关键领域改革

（三）市场的决定性作用

十八届三中全会《决定》中指出："理论和实践都证明，市场配置资源是最有效率的形式。市场决定资源配置是市场经济的一般规律，市场经济本质上就是市场决定资源配置的经济。健全社会主义市场经济体制必须遵守这条规律，着力解决市场体系不完善、政府干预过多和监管不到位问题。"这一新的定位，是对市场作用认识的又一次深化和飞跃，是我国改革开放历史进程中具有里程碑意义的理论创新。

发挥市场在资源配置中的决定性作用，必须进一步完善我国的基本经济制度。这是所有制基础。虽然1997年中共十五大报告中就确立了我国社会主义初级阶段的基本经济制度，即公有制为主体，多种所有制经济共同发展，但是，对通过什么形式实现多种所有制经济的共同发展，并不是十分明确。党的十八届三中全会《决定》对此作出了明确规定："国有资本、集体资本、非公有资本等交叉持股、相互融合的混合所有制经济，是基本经济制度的重要实现形式。"混合所有制经济是不同性质的经济成分相互包容和共同发展。发展混合所有制经济，就是通过制度规定，使各种所有制经济产权得到同等保护，使各种生产要素在不同的所有制经济之间自由流动，使各种所有制经济之间展开公平的自由竞争，在竞争中优胜劣汰，实现资源的优化配置。

发挥市场在资源配置中的决定性作用，必须进一步完善现代市场体系，推进要素价格市场化改革。这是价格机制与市场体系的基础。通过市场供求和竞争形成价格，通过价格波动引导资源流向，实现优化配置，是价值规律作用的基本要求，也是市场发挥决定性作用的集中体现。当前，我国最重要的是加快推进资源性产品价格改革，进一步放开石油、天然气、自来水、交通、电力、电信等领域的价格；规范土地市场价格，使得集体建设用地和国有土地在财产权力、市场准入、价格制定和收益分配上有平等地位,逐步实现同等入市和同权同价。

当前经济体制改革的核心,在于贯彻落实十八届三中全会关于发挥市场在资源配置中起决定性作用的战略部署,继续推进市场化改革,充分发挥价格、财政、金融等领域改革的杠杆性作用,释放改革红利。具体包括:消除商品市场与要素市场的各种扭曲,打破行业部门垄断,放松政府管制,使微观主体在公平良好的竞争环境中,以市场激励——特别是价格信号——为引导,明晰其成本、收益,积极自觉地推动经济结构转型和发展方式转变。同时,明确政府与市场边界。在充分尊重、发挥市场在资源配置中的决定性作用的前提下,将政府不该管、管不好的事情交给市场。特别是投资、储蓄、消费、就业、研发等经济行为应更多地由企业、个人等市场主体自主决策。政府则应在市场失灵、不完全竞争和存在外部性等条件下更好地发挥其作用,并主要通过建立司法体系和管理制度而非行政命令的途径,规范调节市场主体的行为。

◇ 行政审批制度改革

十八届三中全会《决定》涉及改革330多项,而仅仅经济体制与生态文明体制改革就有近120项。篇幅所限,不能细述所有各项经济改革,仅就几大关键领域改革进行阐释。这里首要论述的是行政审批制度改革。因为只有政府自身改革,才能引领、带动其他领域的改革。

行政审批制度改革是转变政府职能的关键之举,也是让市场发挥决定性作用的前提条件。2001年9月24日,国务院办公厅下发《关于成立国务院行政审批制度改革工作领导小组的通知》,行政审批制度改革全面启动。

2002—2012年,国务院已分六批共取消和调整了2497项行政审批项目，占原有总数的69.3%。新一届政府成立以来，大力推进行政审批制度改革，各部门已取消和下放了600多项行政审批事项，2014年又在全国推行商事制度等改革，企业准入的门槛低了，"紧箍咒"松了，极大地调动了全社会创业兴业的热情。2014年前3个季度全国新登记注册市场主体920万户，新增企业数量较上年增长60%以上，出现"井喷式"增长，带动1000多万人就业。

经历了10多年的改革实践与探索，行政审批制度改革取得了一定成效，但也还存在不少问题：①在一些地方和部门，"含金量"高的审批项目减少不多；行政审批过繁、过慢的问题依然存在；对企业设立审批和各种职业资质资格许可、项目投资审批、核准等领域，群众反映的意见还比较集中。有些地方甚至专门做了改革的"典型""景点"，给上级汇报"好看"，但百姓真要创业依然困难不少。②2004年行政许可法实施后，根据当时有效管理的需要，国务院当年决定保留部分非行政许可审批事项，在国务院陆续取消和调整的同时，仍有一些部门通过各种形式又先后设定了一批非行政许可审批事项，这不利于激发市场活力、增强发展动力。③前置审批问题。企业设立工商登记前置审批，如卫生许可证、经营许可证、安全生产许可证等，涉及教育、文化、卫生、旅游等多个行业和领域，有的由法律、行政法规和国务院决定明确为企业设立登记前置事项，有的法律、行政法规和国务院决定未明确审批与登记的前后顺序，但实际工作中实行前置审批。有的企业设立登记前置审批事项较多、门槛较高，拟设立的企业如从事多项经营活动，则办理项目审批麻烦，企业设立困难，开展生产经营活动受到影响。④事前审批取消后，事中事后监管亟需加强。实际运行中，前置审批与后续监管出现脱节；有的地方市场监管部门存在前后审批、交叉监管、多头执法等问题；政府部门重审批轻监管、以批代管现象依然存在。⑤中介机构技术评估是行政审批的重要环节，但目前已成为制约项目审批效率的重要因素之一。据统计，广州"万里长征图"揭示企业投资项目全程779天，其中审批占214天，其余560多天是中介机构审查和技术评估时间。少数中介机构存在资质资格、服务规范、服务环节、效率、垄断经营、收费不合理等问题。

　　下一步深化行政审批制度改革的方向已经清晰，即立足企业投资经营便利化，继续减少行政审批事项，重点是坚决清理和尽快废止非行政许可审批事项、消除"灰色地带"；降低准入门槛；评比达标表彰项目、职业资质、资格许可和认定事项，以及公开透明、严格规范行政审批事项的设定和实施。①提高简政放权的"含金量"。要继续缩减投资项目核准范围，进一步修订《政府核准的投资项目目录》；市场机制能有效调节的经济活动，一律取消审批，能取消的职能就要尽量取消而不下放。简政放权最终目标是要激发市场活力和企业创新动力，下放行政审批事项给省级或省级以下地方，仍是行政体系内部权限的调整，如果地方政府改革不及时跟进，未能把中央下放的权力承接好或放到位、管起来，简政放权的效果就会大打折扣。②清理现有非行政许可审批事项。严禁以备案、登记、注册、年检、监制、认定、认证、审定、指定、配号、换证等形式或以非行政许可审批名义变相设定行政许可，防止将其违规转入内部审批。同时严禁以加强事中事后监管为名，变相恢复、上收已取消和下放的行政审批项目。③改革工商登记制度。推进工商注册制度便利化，大力减少前置审批或将前置审批事项改为后置审批，落实"先照后证"；鼓励探索实行工商营业执照、组织机构代码证和税务登记证"三证合一"登记制度；取消一些职业资格许可和认定事项，同时强化事中事后监管，创新监管方式，提升监管能力。④清理行政审批前置环境的中介服务。各地各部门应对现有行政审批前置环节的技术审查、评估、鉴证、咨询等有偿中介服务事项进行全面清理，能取消的尽快予以取消；确需保留的，要规范时限和收费，并向社会公示；严禁借实施行政审批变相收费或违法设定收费项目；严禁将属于行政审批的事项转为中介服务事项，搞变相审批、有偿服务。⑤推进行政审批规范化。对保留的行政许可事项，简化程序，限时办结，做到公平公正公开。各地应建立健全政务中心和网上办事大厅，集中办理行政审批，实行一个部门一个窗口对外，一级地方政府"一站式"服务。⑥规范权力正面清单。要在完善行政审批权力清单制度基础上，梳理各级政府及部门的行政职权，科学界定行政审批与其他行政行为以及行政执法、行政管理、指导服务和其他行政职权的范围和分类，规范行政裁量权，公开和优化权力运行流程，推行地方政府及工作部门权力清单制度。①

如果进一步概括行政审批制度改革的基本思路，可以归结为"三张清单"：一是"权力清单"，明确政府该做什么，做到"法无授权不可为"；二是"负面清单"，明确企业不该干什么，做到"法无禁止皆可为"；三是"责任清单"，明确在取消行政审批事项之后，政府如何进行监管，做到"法定责任必须为"。通过上述"三张清单"来约束政府对微观经济活动的不当干预，还权于市场和社会，激发各类主体的创造活力；并在减少审批的同时，优化政府的微观监管职能，实现有效的微观治理。

行政审批制度改革的核心是简政放权。简政放权有三个作用：一是减少了政府干预，激发和释放了市场的活力。二是减少了干预和公权力，这就同时减少了寻租和腐败的机会。三是一定程度上减少了行政管理费用。因为有些机构撤销了，有些机构合并压缩了，减少了相关公职人员，也减少了由此所产生的行政管理费用。当然，行政审批制度改革最重要的作用，还是为市场发挥配置资源的决定性作用腾出了空间。

◇ 混合所有制与国有企业改革

混合所有经济概念自中共十四届三中全会《决定》中首次提出，迄今

---

① 任进：《行政审批制度改革再上新台阶》，《瞭望新闻周刊》2014年第34期。

已有20年历史。期间，混合所有制经济得到了较快发展。截至2011年底，在中央企业登记总户数20624户中，公司制企业14912户，改制面72.3%，较2002年的30.4%提高了40多个百分点。中央企业在改制中积极引入民营资本、外国资本，促进投资主体和产权多元化，大力发展混合所有制经济。如中海油34个二级企业、三级企业中，国有股权平均在40%—65%之间，基本都为混合所有制企业。从上市公司看，截至2011年底，中央企业控股上市公司共有368家，其中纯境内上市公司260家，纯境外上市公司78家，境内外多地上市公司30家。在上市公司中，有超过40家中央企业实现主营业务整体上市，其中石油石化、航空、航运、通信、冶金、建筑等行业的中央企业基本实现主营业务整体上市。随着混合所有制企业的不断发展，公有制主体地位得到不断巩固，仅从上市公司看，2007年至2012年第三季度，中央企业通过改制上市，共从境内外资本市场募集资金约9157.5亿元。从国有企业整体发展看，2003—2011年，全国国有及国有控股企业（不含金融类企业）营业收入从10.73万亿元增长到39.25万亿元，年均增长17.6%；资产总额85.37万亿元，所有者权益29.17万亿元，分别是2003年的4.3倍和3.5倍。这体现了混合所有制作为基本经济制度的重要实现形式的优越性。[1]

在中国，所有制改革、国有企业改革，都是非常重要的带有方向性的改革。国有资本、集体资本、非公有资本等交叉持股、相互融合的混合所有制经济，是基本经济制度的重要实现形式，有利于国有资本放大功能、保值增值、提高竞争力，有利于各种所有制资本取长补短、相互促进、共同发展。十八届三中全会提出推进混合所有制与国企改革，不是搞"私有化"，不是"去国有化"和"去国企化"，而是国有企业在推动国家产业升级、优化产业结构、增强关键性领域控制力的良好契机，也是国有企业需

---

[1] 黄群慧：《新时期如何积极发展混合所有制经济》，《行政管理改革》2013年第12期。

建立健全良好的现代化管理制度、成为发育健康的市场主体的倒逼机制。

新一轮国企改革坚持混合所有制方向,将有利于优化国有经济布局,进一步发挥国有资本带动力;改善公司治理结构,实现政企分开;促进公有制经济和非公有制经济良性互动,提高国家竞争力。未来混合所有制与国企改革应侧重以下六个方面:

第一,推动国有企业的公司制股份制改革,特别是推动包括中央企业在内的大型企业的混合所有制改革。目前来看,50多家特大型中央企业,大多数还实行总经理负责制,尚未向公司制转变;即使有些已经实行了公司制,也没有引入战略投资者,仍然是国有独资。而目前在国资委监管的110多家中央企业中,母公司层面实现了股权多元化的只有中国联通、上海贝尔、南方电网、国家核电技术公司和中国商飞公司等少数几家企业(股东也大多是国有机构、地方政府、社保基金等,而不是民营资本),其他基本上仍是国有独资。为此,应推动具备条件的国有大型企业实现整体上市;不具备整体上市条件的国有大型企业加快股权多元化改革,在金融、石油、电力、铁路、电信、资源开发、公用事业等领域,鼓励非国有资本参与中央企业投资,推行混合所有制改革;对有必要保持国有独资的国有大型企业应加快公司制改革,完善公司法人治理结构。

第二,要努力清除制约非公企业参与国有企业改革的政策性障碍,保证公开公平,提高非国有经济参与改革的积极性。鼓励非公企业参与国有企业改革,需要从有利于企业竞争力和总体经济效率的基本要求出发,清除当前制约非公企业参与国有企业改革的政策性障碍,创造深化改革的条件,形成深化改革的强大动力。目前,非公企业参与国企改革,还面临许多政策性和市场性障碍。一是民营资本进入意愿较高的领域,包括能源、交通、医疗、教育、通信等,政府尚未给出放松进入的时间表,更未给出非禁即入的"负面清单",民营资本通过参与混合所有制企业改革进入这些领域的难度大、成本高。二是民营企业面临"玻璃门""弹簧门""旋转门"等各种隐性壁垒，国有企业在项目审批、土地、税收和户口指标等方面具有"政策红利"。三是具有垄断势力和财务绩效良好的国有企业缺乏引入民营资本的动力，政府和企业内部管理层缺乏推进混合所有制改革的积极性。四是一些地方政府在引入非公企业资本时，对混合所有制企业的经营范围和区位布局制订了"特别条款"，影响了混合所有制企业的商业化程度和独立性，造成实际上的非公企业资本的股权与控制权的不对称，也造成事后股东间公司权力斗争的隐患。五是人员身份转换和安置障碍，是非公企业参与国有企业改革的后顾之忧。

第三，在推进混合所有制改革时尝试和探索引入员工持股制度。国有企业在推进混合所有制的过程中引入员工持股制度，一方面有利于国有企业混合所有制改革，完善公司治理，另一方面有利于建立员工长期激励机制，使员工与企业形成利益共同体。而员工持股制度能否有效发挥增加经济激励与改善社会治理的双重效应，关键取决于具体方案的设计。方案设计不当，不仅无法发挥激励作用，还有可能造成国有资产流失、寻租和利益输送等问题。成功推进混合所有制改革引入员工持股制度，应该坚持激励相容、增量分享和长期导向这三个原则。

第四，加快开放可竞争性市场，为国有垄断企业推进混合所有制创造条件。垄断性行业国有企业改革应该立足于企业功能定位，以放宽准入、多元投资、有效竞争、合理分配、独立监管为主攻方向，提高市场开放与竞争程度，通过逐步开放可竞争性市场，为国有企业推进混合所有制创造条件，实现竞争效率和规模经济的同步提升。

一是要解决垄断性行业国有企业经营活动和招投标系统内封闭运行、向社会开放不够的问题。推动电信、电力、油气、公用事业等领域招投标向社会开放，鼓励民营企业申请勘察设计、施工、监理、咨询、信息网络系统集成、网络建设、项目招标代理机构等企业资质。

二是要加强和改善垄断业务监管，防止相关企业凭借网络设施排挤竞争者。根据行业特点对于在技术经济上要求保持物理和经营管理上的整体性垄断性业务，可以授权一家或少数几家国有企业垄断经营，非国有资本可以股权投资形式进入，但要防止相关企业凭借网络设施排挤竞争者，滥用市场优势地位。随着社会主义市场经济体制的成熟定型和民营经济成长，逐步降低上述领域对国有经济的依赖，实现从一股独大向股权分散的社会化企业的转变。对于资源类产品和服务的进出口，应放宽市场准入，允许更多的经营者经营，以便对国内垄断企业形成一定的竞争压力。

三是要构建可竞争性市场结构，更好发挥竞争机制的作用。油气产业上游领域重点解决石油、天然气探矿权和采矿权过度集中和一家独大的问题，引进一批具有资质和能力的企业从事页岩气、页岩油、煤层气、致密气等非常规油气资源开发；下游领域，重点加强符合条件企业的炼油业务，改变原油和成品油进口管制，增加从事原油和成品油进口业务的主体，取消非国营贸易进口的原油必须交给两大石油公司加工的"隐性政策"，放宽进口原油在国内自由贸易，允许非国有企业根据市场需求组织进口。电信业应完善关于码号资源、市场竞争行为管理的相关规定，维护好消费者权益，对企业退出机制、个人隐私保护、服务质量保证等方面做出更为细致的规定。电力重点解决发电侧缺乏竞争和购电、售电过度垄断问题，赋予电厂卖电、用户买电的选择权和议价权。放宽发电企业向用户直接售电的限制，允许全部分布式发电自用或直接向终端用户售电，允许全部规模以上工业企业和其他行业大中型电力用户直接、自主选择供电单位，大幅度增加直购电用户的数量，改变电网企业独家购买电力的格局。解决调度与交易、发电厂与用户接入电网审批等权力不透明、电费结算不公平和电网接入审批困难等问题。

第五，以管资本为主完善国有资产管理体制。首先，建立全覆盖的国有资产管理体系。目前来看，对国有金融资产、自然资源资产、非经营性资产等，还没有明确和建立代表国家履行出资人职责的机构。需要建立和完善除工商企业国有资产以外的国有资产的管理体制和制度。即使是在非金融类经营性资产领域，政企不分、政资不分现象仍然存在。比如，中央政府层面上还有80多个部门对其下属的几千家企业进行直接管理，没有纳入集中统一的国有资产监管体系。这一局面亟待改变。其次，完善国有资产管理体制。应以管资本为主加强国有资产监管，改革国有资本授权经营体制，组建若干国有资本运营公司，将一些国有企业改组为国有资本投资公司。在这方面，可学习和借鉴国外类似公司（如新加坡淡马锡公司）的成功案例。最后，完善国有资本经营预算制度。应进一步提高国有资本收益上缴公共财政比例，到2020年提高到30%；并且更多用于保障和改善民生，特别是用于充实社会保障基金，以缓解社会保障基金欠账问题，而不是主要留在国有企业中用于自身的资本性支出和费用性支出。

第六，战略性调整国有资本布局和结构。目前来看，国有企业数量还是太多，国有中央工商企业调整改组的进展也不够理想。国资委曾设想到2010年，由其履行出资人职责的企业从2003年成立时的196户调整和重组至80—100户。但是，直至2012年年底，国有中央工商企业仍有116户，户数还是太多。与此同时，国有经济布局也不合理，分布的领域还是太广。目前在国民经济95个大类中，国有经济涉及94个行业，其中在396个国民经济行业类中，国有经济涉足380个行业。国有经济如此广泛的分布，特别是大量分布在下游竞争性领域的格局，不利于更好地发挥国有资本在实现国家战略目标和社会利益最大化中的特殊作用。为此，应进一步明确国有资本职能定位，推动国有资本更多投向关系国家安全和国民经济命脉的重要行业和关键领域，重点提供公共服务、发展重要前瞻性战略性产业、保护生态环境、支持科技进步、保障国家安全，尽快从一般竞争性行业退出。

当然，混合所有制经济并不是一改就灵、一改就活、一改就好，而需根据市场原则，因地制宜，结合国有企业自身状况，由企业决定是否混合、如何混合。国有企业应抓住混合所有制经济发展的机遇，摒除以政代企的弊端，做到企业独立自主经营，实现"政企分开"，提升效率与竞争力。

◇◇ 财税体制改革

现行的财税体制是在1994年分税制改革的基础上逐步完善形成的。这些年来，财政收入大幅增长，政府的调控能力显著增强。但随着形势发展变化，现行财税体制不适应、不完善的问题日益凸显：①中央和地方分配不合理，事权与财权错配。中央占据税收的大部分，地方财政相对紧张，这也是土地财政的主要成因。②预算执行不力。目前已有大概1/3的政府部门公开了"三公"账单，但公开的预算账本过于简略，难以深入了解。而且支出结构不合理，过于偏重经济建设性支出，而医疗、教育和社会保障等社会性支出比例偏低，与服务型政府的建设方向相背离。③土地财政。土地收入在地方财政收入中占比畸高，也是地方融资平台套取银行杠杆的手段。土地财政直接导致地方政府被房地产绑架，银行亦卷入其中，形成了巨大的潜在系统性风险。④税制结构不合理。营业税、增值税双重压力，个人边际税率偏高。一方面压制了企业盈利能力，另一方面不利于个人消费扩大。因此必须进行改革。

深化财税体制改革的目标是建立统一完整、法治规范、公开透明、运行高效，有利于优化资源配置、维护市场统一、促进社会公平、实现国家长治久安的可持续的现代财政制度。应重点推进三个方面的改革：

一是推进预算公开，规范财政支出。政府预算收入取之于民，社会公众有权监督这些钱怎么花、花到哪儿、效果如何。长期以来，我国财政资金存在使用不规范、效率不高和资金沉淀等问题，部分地方政府举债行为也缺乏约束，这些与预算透明度不够、监督检查乏力是分不开的。预算制度改革要在加强全口径预算管理、改善预算透明度、预算编制技术的创新和加强人大监督上下功夫。①要进一步加大预算公开力度，扩大预算公开范围。各级政府预算和决算都要向社会公开，所有财政拨款的"三公"经费更要公开。除公共预算外，政府性基金预算、国有资本经营预算、社会保险基金预算要进一步向社会公开。各级财政转移支付项目也要逐步公开透明。②要细化公开内容。部门预算基本支出和项目支出要尽快公开。完善政府收支预算科目体系，明确公开项目，做到科目粗细有度、表述清晰明了，让老百姓能看懂、社会能监督。③要强化预算公开工作的监督检查，建立预算公开问责机制。通过提高透明度强化监督和约束，使预算编制和执行更加阳光，使财政资金使用更有绩效，减少寻租腐败的机会。

二是推进税制改革，完善政府收入体系。深化税收制度改革，优化税制结构、完善税收功能、稳定宏观税负、推进依法治税，建立有利于科学发展、社会公平、市场统一的税收制度体系，充分发挥税收筹集财政收入、调节分配、促进结构优化的职能作用。政府收入体系的构建要适应政府主要从企业取得收入向从个人和家庭取得收入转变的现实趋势。具体做法包括：税制结构应从以间接税为主逐步转向以直接税为主；在增值税制再造基础之上，稳步推进"营改增"；消费税减税促消费，增税促社会发展；一些专款专用的税制应合并或取消；个人所得税改革应致力于提升国家竞争力；房地产税改革必须采取谨慎的措施；加快行政性收费与政府性基金制度改革；加强政府收入立法。

三是划分事权和支出责任，调整中央和地方政府间财政关系。长期以来，中央与地方之间、地方各级政府之间，事权和支出责任划分不清晰、不合理、不规范，总体看，中央政府部门管了不少不该管、管不好的事。当然，中央该加强的事权和支出责任也要加强。要通过改革，健全事权和支出责任相适应的制度，保持现有中央和地方财力格局总体稳定，逐步理顺中央与地方收入划分，使中央与地方各安其位、各负其责、上下协同，促进政府治理整体效能的最大化。按照调动中央和地方两个积极性的要求，在坚持分税制财政管理体制改革的方向基础之上，构建较为稳定的中央和地方财政关系。具体包括：明确划分各级政府的事权和财政支出责任，加紧改革技术攻关；进一步完善分税制，建立分税与分租、分利相结合的财政收入划分体制；进一步完善公共服务均等化政策目标体系；重构财政转移支付制度；进一步完善地方债管理制度，增强地方政府财政的硬预算约束。

这里重点分析一下各方面比较关注的地方政府债务管理制度。基本思路可以概括为"堵暗道，修明渠"。也就是在关闭地方政府通过企事业单位举借债务渠道，特别是剥离融资平台公司政府融资职能的同时，使地方政府获得一定的举债融资权限，形成以政府债券为主体的地方政府举债融资机制。其中，对于没有收益的公益性事业发展确需政府举借一般债务的，由地方政府发行一般债券融资，主要以一般公共预算收入偿还；而对于有一定收益的公益性事业发展确需政府举借专项债务的，由地方政府通过发行专项债券融资，以对应的政府性基金或专项收入偿还。同时，更多采用公—私合作伙伴关系（PPP）的投融资模式，加强政府公共投资与民间投资的合作。特别是鼓励社会资本通过特许经营等方式，参与城市基础设施等有一定收益的公益性事业投资和运营。政府通过特许经营权、合理定价、财政补贴等事先公开的收益约定规则，使投资者有长期稳定收益。投资者按照市场化原则出资，按约定规则独自或与政府共同成立特别目的公司建设和运营合作项目。投资者或特别目的公司可以通过银行贷款、企业债、项目收益债券、资产证券化等市场化方式举债并承担偿债责任。政府对投资者或特别目的公司按约定规则依法承担特许经营权、合理定价、财政补贴等相关责任，不承担投资者或特别目的公司的偿债责任。由此明确政府和企业的责任，做到谁借谁还、风险自担。为进一步硬化预算约束，防范道德风险，还应做到以下几点：①把地方政府债务纳入全口径预算管理，并把政府性债务作为一个硬指标纳入政绩考核；②建立权责发生制的政府综合财务报告制度和地方政府性债务公开制度，并建立地方政府信用评级制度；③地方政府对其举借的债务负有偿还责任，中央政府实行不救助原则。总之，通过推行地方政府的阳光融资制度，逐步提高地方政府债务风险的透明度，并以市场化的方式对地方政府借贷形成有效的监督，从而增强地方财政的负债约束，抑制财政机会主义行为，防止借贷冲动。

◇ 金融体制改革

中国是少有的高储蓄率国家，国内部门总储蓄率多年来超过或接近50%，但由于中国金融体系效率低下，不能承担金融中介的正常功能，无法将储蓄充分转化为对国内的投资，导致储蓄—投资缺口持续存在。近年来，中国将国内储蓄交给别国使用，选择购买美国国债这种安全但收益率低下的投资方式，这一事实表明美国金融机构完全承担了中国国内储蓄向投资转化的中介作用。有学者曾形象地用"寄存理论"（parking theory）来描述这一现象。他认为，由于中国本国金融系统资本配置效率不佳，被迫将一部分多余的储蓄"寄存"在国外。只有国内配置资金效率提高到一定水平后，人们才会将投向国外的钱转移回国内。[①] 为使国内储蓄能够顺利转化为国内投资，加快国内金融市场的发展，未来应按照"五化"的方向来进一步深化金融体制改革。

---

① Corden, W. Max, 2007, "Those Current Account Imbalances: A Skeptical View", *The World Economy*, 30, 363–382.

（一）利率市场化

利率作为要素市场的重要价格，是有效配置资金的决定性因素。为构筑由市场供求决定的利率形成机制，改革的内容应涉及如下三个方面。

首先，推动实现存款利率市场化。围绕这一目标，应进一步放大存款利率上浮区间，增加同业大额存单规模，逐步扩大金融机构负债产品市场化定价范围，最终放开存款利率上限控制，实现自由浮动。作为存款利率市场化的配套举措，应尽快推出存款保险制度，覆盖所有存款类金融机构，实行有限赔付和基于风险的差别费率机制，以加强市场约束，防范道德风险；同时完善金融机构市场化退出机制，通过明确金融机构经营失败时的退出规则，包括风险补偿和分担机制，加强对存款人的保护，防止银行挤兑。

其次，完善市场利率体系，健全市场化利率宏观调控机制。这方面的举措应包括：健全市场利率定价自律机制，促进贷款基准利率的形成，以提高金融机构自主定价能力，为信贷产品定价提供参考；进一步发挥上海银行间同业拆借利率（shibor）的作用，培育央行货币政策目标利率；加快培育国债市场，增强市场的深度和流动性，推动由不同期限国债收益率构成的无风险收益率曲线作为中长期金融产品资产定价的基准。

最后，矫正二元利率结构。这里的"二元"，既包括传统银行和影子银行利率的差异，也包括国有大型企业和非国有中小微企业融资成本的差异。

关于影子银行的形成，实际上是金融抑制下创新异化的产物，体现了监管套利的存在，也就是金融机构试图避开行政色彩的金融监管，包括信贷额度配给制和限制信贷增长（如限制对地方政府融资平台和房地产业的贷款）、资本金的约束、贷存比的流动性约束，同时追逐存款利率管制所创造的套利机会。要有效应对以监管套利为主要目的的影子银行业务的无序扩张，应进一步放松对正规银行业的管控，特别是放松对银行体系的信贷额度控制和贷款投向管制（改用各种监管指标的管理，使用更多市场化工具控制信贷）；同时推动存款利率市场化。在此基础上，促使表外资产向表内资产转移，实现体制内外资金成本的收敛。

至于企业间的利率差别定价，则主要反映了政府隐性担保对利率的扭曲性影响。在目前的体制环境下，由于政府信用背书的存在，大型企业特别是大型国企往往被银行视为优质客户资源，能够拿到低成本的资金（据统计，目前约65%的银行信贷定价都在基准利率上方，约25%的贷款利率为基准利率，仅10%左右的贷款利率低于基准利率。而适用最低利率的客户范围很小，主要是大型国企），然后通过委托贷款、信托贷款等渠道，将资金转贷出去，获得较高的收益。在大企业充当"资金倒爷"的过程中，部分信贷资金并未流向实体经济，而是在金融体系内部"空转"。同时，在大企业贷款利率下浮的情况下，为保证总体收益，银行部门倾向于上浮中小企业贷款利率，达到类似交叉补贴的目的。由此造成的一个后果是，大量需要资金的中小微企业，融资难度增加，也承担了更高的利率成本。面对这一情况，要缩小利率双轨制带来的利差，应通过改革使银行和国有企业成为有纪律约束的市场主体，确保所有的企业平等地参与竞争，通过将市场风险显性化，使利率水平能够真实地反映市场供求。

（二）银行商业化

中国国有商业银行近年来在商业化改造方面取得了一定进展，特别是经过股份制改造和上市之后。但总体而言，国有商业银行基本的产权格局并没有太大变化，国有银行仍在某种程度上承担一定的准财政职能。同时，进入21世纪以来，尽管银行业金融机构资产规模的市场份额发生了一定程度的变化，但大型商业银行主导的基本市场格局也并未发生实质性改变。

在上述产权和市场结构下，由"国而不倒"和"大而不倒"所形成的道德风险表明，中国的银行体系还需要更加彻底的商业化转型，使其真正实现经营机制和运营模式的转变，促使金融资源的配置从行政主导向市场导向转变。

为改变国有大银行为主的金融体系，应基于一套公平开放透明的市场规则，采用"负面清单"的准入模式，不断放松民间资本进入金融服务领域的市场准入，允许具备条件的民间资本依法发起设立中小型银行等金融机构；并参与国有金融机构改制和增资扩股，推进金融机构股权多元化，扩大银行业的竞争。特别是对近年来大量兴起的互联网金融也不能采取"堵"的方式，应放开不必要的行政管制，使其在自由的市场环境中为实体经济特别是中小微企业提供更好的金融服务。

(三) 融资直接化

从金融结构看，中国长期保持间接融资为主的格局，由此带来资本结构错配的问题。为分散过度依赖债务融资带来的风险，应推动中国金融结构从债务性融资向股权融资格局的转变，优化社会融资结构。这就需要积极发展直接融资，建立多层次的资本市场体系，创造有利于股权资本形成的机制，多渠道增加股权性投资比重。

目前来看，作为直接融资平台的资本市场中，存有较明显的行政化因素，在行业准入、证券发行、业务发展等方面仍会有行政权力介入其中；同时在市场运行方面，也容易受到行政调控的影响。为了大力发展资本市场，应进一步简化审批，减少行政性管控因素，在发行、定价、交易等环节更多依靠市场机制的调节作用，充分调动市场各参与主体的积极性。特别是应推进股票发行注册制改革。以充分信息披露为核心，在股票发行过程中，减少证券监管部门对发行人资质的实质性审核和价值判断，弱化行政审批，增强发行制度的弹性和灵活性，降低股票发行成本，提高融资效率。同时，加强事中、事后监管力度，强化上市公司、中介机构等市场参与主体的市场约束和诚信约束。

为多渠道推动股权融资，在继续完善主板、中小企业板和创业板市场的基础上，还应加快发展场外市场，包括全国中小企业股份转让系统（"新三板市场"）这一全国性场外市场，以及各种区域性股权交易市场（又称"第四板市场"）。同时，吸引更多私募股权投资基金、风险投资基金，支持创新型、成长型企业股权融资。此外，应鼓励将债务性资金转变为股权性资金的金融创新，特别是应推行公用事业项目的证券化进程，为城市基础设施建设以及医疗教育等公共服务供给解决长期资金筹集问题。提供稳定持续的中长期资金，也有助于解决资产负债表中的期限错配（短贷长投、短借长用）问题。

为实现显著提高直接融资比重的目标，也应重视债券市场的发展。目前中国公司债券和其他固定收益类产品市场发展仍然相对滞后，不能满足投资者不同的风险偏好和进行有效投资组合的需要。在发展债券市场方面，也应着力减少不必要的行政管制，特别是在公司债券发行方面应进一步向更加市场化的登记制发展；同时，强化公司债券交易环节的监管。

（四）汇率弹性化

2005年7月，中国放弃了长达七年之久的钉住美元的汇率制度，开始实行以市场供求为基础、参考一篮子货币进行调节、有管理的浮动汇率制，正式启动了人民币汇率机制弹性化改革。但由于出口导向战略的需要，人民币汇率的形成机制并没有实现充分的市场化，汇率灵活性依然不足。这不仅人为扩大了贸易顺差，而且也给宏观调控带来巨大挑战。特别是为刺激出口而导致人民币汇率偏离均衡值的状态，是造成流动性过剩、央行冲销压力、热钱不断流入以及"三元悖论"困境的直接原因。

近两年，中国的国际收支格局已发生改变，应利用当前经常项目顺差已明显下降、人民币汇率由单边升值预期转化为双向波动预期、国内资产价格上升预期也有所弱化的时机，巩固央行基本退出常态式外汇市场干预的格局，深化人民币汇率形成机制的市场化改革，进一步扩大人民币汇率浮动区间，增大汇率弹性，使之最终成为真实反映市场变动的浮动汇率。

（五）资本账户自由化

中国于1996年实现人民币经常项目完全可兑换后，开始循序渐进地开放资本项目交易，稳步推进资本项目可兑换进程。特别是近年来，中国资本项目改革步伐有所提速，资本境内外流动的"双向性"进一步增强。但总体看，目前中国资本管制程度仍然较高，与资本账户开放还有较大距离。根据IMF之前对中国资本项目七大类40个项目可兑换程度所做的评估，不可兑换项目有4项，占比10%，主要是非居民参与国内货币市场、基金信托市场以及买卖衍生工具；部分可兑换项目有22项，占比55%，主要集中在债券市场交易、股票市场交易、房地产交易和个人资本交易四大类；基本可兑换项目14项，主要集中在信贷工具交易、直接投资、直接投资清盘等方面。

为此，应进一步推进人民币资本项目可兑换，促进贸易投资便利化，为扩大企业及个人对外投资、确立企业及个人对外投资主体地位创造有利条件，满足"走出去"战略、加快经济结构调整和产业转型升级的需要。

下一步推动资本项目可兑换，提高对外金融开放度，关键是要推进证券市场的开放。因为目前从业务分布看，直接投资业务的人民币可兑换程度比较高，信贷类业务的兑换程度居中，而证券类业务的可兑换程度相对偏低。当然，推进证券市场开放的进程是需要渐进有序可控进行的。

在这方面，可首先推进风险略低的债券市场对外开放。应继续推进相关境外机构运用人民币投资银行间债券市场。这是开放国内债券市场的重要举措，可拓宽境外人民币投资回流国内的渠道，为境外获得的人民币资金提供一定的保值和增值机会，有利于增强境外经济主体持有人民币的意愿。未来还可考虑扩大境外机构在境内发行以人民币计价的债券，即"熊猫债券"的发行规模，放宽境外机构境内发行人民币债券资格限制。这也是促进人民币债券市场对外开放的重要举措。

在开外债券市场的基础上，还可谨慎推进股票市场（甚至金融衍生品市场）的开放。在这方面，除了继续推进人民币合格境外机构投资者（RQFII）制度外，也可发展国际板市场，即允许符合条件的境外企业到境内市场发行人民币股票。通过向海外投资者提供更多的以人民币计价的金融产品，吸引其持有更多的人民币。此外，还可在沪港通的基础上进一步扩大境内外股市的互联互通机制。让国内的资金通过这种合法的并且是可以控制的渠道流出去，并投资高收益的稳定的资本市场，可以打开资本项目有限开放的新通道。

作为资本项目尚没有完全开放之前的过渡性安排，可建设以香港为基地的人民币离岸金融中心，探索境外人民币资金的流动和交易机制，拓展境外人民币投资渠道。近年来，香港较大力度地推动了人民币计价的债券市场（离岸人民币债券也被称为点心债券）的发展。未来可利用香港国际金融中心的优势，不断扩大以人民币计价的金融资产的规模，推进境内金融机构赴香港及境外其他国家（地区）发行人民币债券，为持有人民币的境外投资者提供更多的人民币投资与避险工具，以提高人民币对境外投资者的吸引力，促进人民币跨境使用。当然，推动人民币国际化及离岸市场的发展，最终还是需要有更开放的资本账户，促使国际投资者增加使用人民币作为投资货币。

◇◇ 土地制度改革

土地问题的症结在于使用权人为分割和固化，同地不同权。现行制度下，城镇土地所有权和使用权属于国家所有，农村和城市郊区的土地所有权属于集体，但集体土地承包经营权归农户，农村宅基地和集体建设用地使用权分别归农户和集体企业。政府可以通过征收、没收、征购、征用等形式将集体土地转为国有。同时政府通过严格的土地使用规划、高度集权的行政审批牢牢将土地参与工业化、商业化的大权控制在手中，实际上农民完全与土地要素的工业化和商业化过程隔离，仅拥有农地的承包经营权和限于集体内部的流转权，即所谓同地不同权——最近广东试行农村宅基地乡镇内流转，但依然只是在本镇、本集体内部流转，农民的土地受益权被严重压制。

实际上，农地使用权是农民最核心的资产，但现行土地制度极大地压制了农民从该资产的受益权：宅基地和建设用地不能直接入市，只能通过政府征收途径，但经政府征收后，农民可得的仅仅是极其有限的补偿，无法从土地要素的工业化和商业化中受益；土地经营权只能在集体内流转，压制了农业的集约化和规模化发展。

为此，应进一步深化土地制度改革，赋予农民更多的土地财产权利，确保农民与城市居民平等的土地权利，并更充分地保障农民的相关土地财产权利，使农民从土地增值收益中获得更多财产性收入。一方面，全面保护农民农地农用的权益。即在稳定农民对承包地拥有长期物权的前提下，允许农民采用多种形式流转土地承包经营权，并获得相应的收益。另一方面，加强对农民土地非农利用权益的保护。特别是应开放农村集体经营性建设用地进入建设用地市场，并允许农民以多种合法方式参与开发经营，进而从土地增值中获得收益,分享工业化、城市化的成果。

具体来说,未来土地改革的方向主要包括以点。

(1)完善土地产权界定。土地确权,几乎是所有其他土地改革的前提。一是明晰产权主体。为防止农民土地权利的虚化,应以确权到户为基础,加强对农民土地权益特别是土地非农利用权益的保护。这不仅是指明确界定土地的集体所有权,而且是要明确界定所有农村耕地、山林、建设用地的农户使用权或经营权,以及住宅的农户所有权。应通过土地登记(地籍登记),并发放相应的土地权利证书,使农户的土地权利在法律上得到有效的确认。二是赋予完整产权。也就是赋予农民承包经营权和宅基地使用权以完整的权能,特别是应允许农民的宅基地进入土地交易市场流转。在完善土地产权保护制度方面,应进一步强化农民主体地位。在土地流转和置换的过程中,应坚持"还权赋能,农民自主"的原则,淡化行政色彩,尊重农民的意愿,从政府主导的体制转变为充分发挥市场作用的体制。

(2)征地制度改革。国家对土地市场的调控由微观转为宏观,更多地由市场决定土地的供给、开发和利益分配。中共十八大明确提出,改革征地制度,提高农民在土地增值收益中的分配比例。一是合理确定征地补偿标准。二是鼓励推进多种方式的征地补偿安置机制,确保老百姓发展权益的实现,切实保障被征地农民的持续生存和发展能力。三是建立合理有序的城乡统一的土地市场。四是充分发挥被征地农民的主体作用。五是做到征地程序公开透明。

(3)允许集体建设用地直接入市。这是改变同地不同权问题的最好突破口。十八届三中全会决定指出,符合规划和用途管制,这样的农村集体经营性建设用地允许进入市场,和国有土地享受同等权利和同等价格。这将会涉及重大的法律修订。中国现行《宪法》第10条规定,城市土地属于国家所有。如果集体经营性建设用地可以进入市场,而这部分土地是在城市规划区范围之内,那么,今后中国的城市土地就不完全是国家所有,也会有集体所有。因此，需要修改宪法。还有，《土地管理法》第43条规定，农民集体建设不能以出让、转让等任何方式给别人作为非农建设用地。如果按三中全会《决定》精神，集体经营性建设用地可进入市场，那么这个条款也需要修改。因此，中央特别强调对土地制度改革牵一发而动全身，必须谋定而后动，必须非常慎重稳妥地推进试点。

（4）宅基地制度改革。农民宅基地未来的改革方向应是有关部门提出的在确保农民住有所居前提下，赋予农民宅基地更完整的权能，并积极创造条件，将其逐步纳入城乡统一的建设用地市场，慎重稳妥地推进农户宅基地用益物权和农民住房财产权的权能实现形式的探索。当前一些地区进行农民住房财产权抵押、担保与转让的试验。在现有国情条件下，农户住房财产权的转让应有一定的限制条件，试验中提出的一些原则措施也可进一步研究，如坚守底线，确保农民住有所居；确定抵押流转范围；防止败德行为；获取改革收益的人也要承担改革的成本。

（5）推进农地有序流转。这是发展规模化农业、实现农业现代化的基本要求，也是农村劳动力结构变化趋势的要求。①鼓励创新土地流转形式。②严格规范土地流转行为。土地承包经营权属于农民家庭，土地是否流转、价格如何确定、形式如何选择，应由承包农户自主决定，流转收益应归承包农户所有。③加强土地流转管理和服务。④合理确定土地经营规模。各地要依据自然经济条件、农村劳动力转移情况、农业机械化水平等因素，研究确定本地区土地规模经营的适宜标准，防止脱离实际、违背农民意愿、片面追求超大规模经营的倾向。⑤扶持粮食规模化生产。⑥加强土地流转用途管制。坚持最严格的耕地保护制度，切实保护基本农田，严禁借土地流转之名违规搞非农建设。总之，应在坚持农村土地集体所有制的前提下，进一步促使承包、经营权分离，实现所有权、承包权、经营权三权分置。通过稳定农户承包权、放活土地经营权，为土地流转的制度创新提供空间。

农村人员在流动，土地作为生产要素当然也要流动。让土地要素流动才能激发活力，但是流动要有规矩、有底线。因此，要始终把维护好、实现好、发展好农民权益作为出发点和落脚点，坚持土地公有制性质不改变、耕地红线不突破、农民利益不受损三条底线，在试点基础上有序推进。

◇ 户籍制度改革

十八届三中全会和 2013 年中央城镇化工作会议精神都指出，以农业转移人口为重点，同时兼顾高校和职业技术院校毕业生、城镇间异地就业人员和城区城郊农业人口，统筹推进户籍制度改革和基本公共服务均等化。因此，户籍改革的任务本质上就是促进有能力在城镇稳定就业和生活的常住人口有序实现市民化，核心是使农业转移人口享有与城镇户籍居民同等的基本公共服务和福利。

《国务院关于进一步推进户籍制度改革的意见》于 2014 年 7 月 30 日正式发布。意见规定，要进一步调整户口迁移政策，统一城乡户口登记制度，全面实施居住证制度，加快建设和共享国家人口基础信息库，稳步推进义务教育、就业服务、基本养老、基本医疗卫生、住房保障等城镇基本公共服务覆盖全部常住人口。到 2020 年，基本建立与全面建成和小康社会相适应，有效支撑社会管理和公共服务，依法保障公民权利，以人为本、科学高效、规范有序的新型户籍制度，努力实现 1 亿左右农业转移人口和其他常住人口在城镇落户。

户籍改革的必要性与意义有以下几点。首先，中国常住人口城市化率与具有本地城市户籍的城市化水平存有很大的差距，其差距是由长期居住在城市却没有城市户籍的流动人口所造成的。户籍改革的目的就是要剥离掉依附于户籍背后的公共服务和福利，让流动人口在就业、教育、医疗卫生、社会保障等基本公共服务方面享受与本地居民基本相同的权利和待遇。其次，以农民工"市民化"为核心的户籍制度改革，能够起到一石三鸟的作用：从长期来说，可以提高中国经济增长的潜在增长率；提高居民的消费，尤其是城市常住人口中农业转移人口的消费弹性；保证社会的长期稳定，甚至在短期内就可以见效。最后，从深化改革的角度来讲，户籍制度改革不仅是未来中国经济社会领域改革的重大问题，而且是一系列民生领域制度改革和创新的基础。

户籍改革顺利推进需要相关制度改革的统筹配套、协同推进。比如要切实保障农业转移人口及其他常住人口合法权益，就要抓紧制定教育、就业、医疗、养老、住房保障、农村产权、财力保障等方面的配套政策，完善法规，落实经费保障。

户籍改革应考虑到人口规模、公共资源和财政负担等约束，有序实现市民化，推行居住证制度、地区差异化政策是必要的。但是，必须要打破现有的行政区域分割，以城市的实际市民化改革负担能力为基本依据，逐步有序推进城镇常住人口基本公共服务和福利的均等化，遵循"全国同步推进、兼顾地区差异"和基本的改革思路和方案，保障市民化成本在地区和城市间的合理分摊。

户籍改革的目标是到2030年城镇化水平达到70%、在人均基本公共服务和福利年均10%动态增长的情况下，实现城镇常住人口"人户合一"的目标。以基本公共服务和福利均等化为导向的户籍改革和城市化推进在财政上具有可行性，改革的关键在于良好的成本分摊机制，中央政府应该承担更大责任，全国整体推进、打破行政区域分割、兼顾地区差异，但不能简单地以城市规模或东中西区域为划分标准。

改革再出发：引领经济新常态

改革没有完成时。因此，这里的结束语，绝不是要为中国改革划上句号，相反，经济新常态下的中国改革刚刚起步。2014年底的中央经济工作会议明确指出，认识新常态、适应新常态、引领新常态，是当前和今后一个时期中国经济发展的大逻辑。而改革，恰恰是引领经济新常态的最有力抓手。

所谓"经济新常态"，是指未来较长一段时间，中国经济发展将呈现出与以往（特别是过去30余年快速增长）有很大不同的新特征。其主要表现在以下三个方面。

一是经济增长减速和换挡。全球金融危机以来，中国经济增长速度总体上呈现持续放缓的态势，年度GDP增长率从2007年14.2%的高位明显放缓至2014年的7.4%。中国经济由过去的两位数高速增长转向7%左右的中高速增长，这与要素供给格局的阶段性改变密切相关。①劳动力要素供给方面：在过去几年的时间里，由于快速的人口转变，劳动力绝对量持续大规模增长的势头出现调整。首先是从2007年开始新增劳动年龄人口数量经历急剧的下降；2012年，劳动年龄人口的总量又出现拐点，第一次出现绝对下降。中国人口的结构性变化也使人口抚养比的走势出现扭转。2011年开始，总抚养比已经出现了转折性的变化，少儿抚养比也于2012年初步呈现出止跌向上的迹象。这意味着，"人口红利"对增长的积极效应正逐步减弱直至消失。②资本要素供给方面。尽管高储蓄模式在短期内不会有大的改变，但随着人口年龄结构的变化，特别是老龄化问题加重，高储蓄的水平也出现下行趋势。③资源环境约束方面。近年来，能源消费的快速增长和能源消耗强度的急剧增加导致资源供需缺口逐渐增大，资源对外依存度不断攀升。以石油为例，中国从1993年开始就成为石油净进口国，近几年石油对外依存度持续上升，2013年达到58.1%。与此同时，中国的环境压力也在不断增大，近年来主要的污染物排放处于较高水平，单位GDP二氧化碳排放量是世界平均水平的近2倍。在要素投入的驱动作用下降的同时，制造业向服务业转型所带来的生产率增速的变化，以及原有依靠技术引进和模仿创新的技术进步动能趋于衰减，导致生产率的驱动作用并没有及时补位，甚至有所弱化。

二是经济结构的调整和经济增长动力的转换。从表象上看，中国经济发展新常态是经济增长减速和换挡，但本质上是经济结构重构和增长动力重塑的过程。就需求层面的增长动力转换而言，主要是解决投资比重过高、消费比重过低的问题。从投资率看，从2003年开始高于40%的投资率已经持续长达11年之久。特别是2009年大规模扩张投资计划之后，投资率连续5年维持在47%—49%的高位。与国际比较，中国的投资率比世界平均水平要高一倍以上。这就带来了某种程度的过度投资的倾向，导致投资效率不断恶化。我们的测算表明，金融危机以来，当期固定资本形成总额/GDP增加值的数值上升明显，从2007年的2.77大幅提高到2009年和2012年的8.36和8.17的较高水平，2013年甚至达到了9.04的畸高水平，这意味着投资高增长不具有可持续性。而从最终消费率特别是居民消费率看，虽然近两年有所回升，但与国际比较，仍比世界平均水平要低30个百分点左右。如何进一步扩大国内消费需求，以此获取稳定、持续的需求侧经济增长动力，仍有待破题。就供给层面即要素投入层面的增长动力转换而言，主要是解决技术进步或全要素生产率（TFP）增长对经济增长的贡献比较低的问题。对过去30多年经济增长的核算表明，资本、劳动、自然资源包括环境消耗等要素投入的增加对经济增长的贡献份额要高于以全要素生产率提高表征的技术进步对经济增长的贡献份额。单纯依靠要素投入增长方式面临着要素供给能力不足和边际报酬递减的双重制约，构建在要素密集投入基础上的经济增长通常是难以持续的，而要素间的交互作用或者说全要素生产率提升是长期经济增长的真正源泉。这就需要进一步发挥技术创新的作用，通过对旧生产方式的改进以及对新生产方式的引入，以边际累进的方式，使整个经济体向生产可能性边界推进，或者推动生产可能性边界外移。

三是经济风险的暴露和化解。随着中国经济增速的下行，各类潜在风险逐步"露出水面"，趋于显性化，特别是中国经济面临着去产能、去杠杆、去泡沫的艰巨挑战。①去产能。2012年以来，工业产能利用率呈现下降趋势，2013年一季度工业企业产能利用率为78.2%，是2009年四季度以来的最低点，之后虽有所回升，但仍然低于2006年建立产能利用调查以来的平均水平80.1%。国际经验表明，产能利用率为81%—82%是衡量工业（或者制造业）的产能是否过剩的分界点，75%以下表明产能过剩较为严重。目前来看，产能过剩行业既包括钢铁、有色金属、建材、化工、造船等传统行业，也包括风电、光伏、碳纤维等新兴战略性产业。2012年底，钢铁、水泥、电解铝、平板玻璃、船舶等行业的产能利用率分别仅为72%、73.7%、71.9%、73.1%和75%，明显低于国际通常水平。②去杠杆。金融危机以来，中国的全社会杠杆率呈现出较为明显的上升趋势，各部门（居民、非金融企业、政府与金融机构这四大部门）加总的债务总额占GDP的比重从2008年的170%上升到2013年的232%。这意味着全社会的杠杆率已经很高，去杠杆在所难免，特别是对于地方政府和非金融企业部门而言。③去泡沫。特别是"去泡沫"和"去杠杆"可能形成共振。因为在间接融资格局和以土地、房地产为主要抵押品的融资模式下，房地产价格与社会杠杆率之间存在一定的相互作用。也就是说，一旦"去泡沫"开始，房地产市场出现调整，抵押品的价值相应缩水，对企业资产负债表形成冲击，容易出现债务违约的情况，银行部门就会遭受较大损失。值得关注的是，房地产企业也是近几年大量兴起的影子银行主要的借贷对象。通常信托贷款和非标信贷资产理财产品会以房产或土地为抵押。如果债务人出现违约的情况，抵押品的价值缩水会导致银行（影子银行）贷款机构损失率上升。此外，地方政府性债务也与房地产业高度相关，在贷款项目自身现金流有限的情况下，债务偿还对土地出让收入的依赖相应较大。对严重依赖于土地出让收入的地方政府而言，随着房地产市场出现调整，可能会弱化土地财政效应，预示着其偿债压力趋于上升。

2014年的中央经济工作会议进一步从消费需求、投资需求、出口和国际收支、生产能力和产业组织方式、生产要素相对优势、市场竞争特点、资源环境约束、经济风险积累和化解、资源配置模式和宏观调控方式这九个方面，概述了中国经济新常态的特征。

面对上述"新常态"，如何适应并引领之，根本在于经济体制改革的进一步深化。因为，如果不能持续改革，为经济增长提供新的动力，那么，新常态就会成为低速和低效的经济增长；那个时候，所有的问题都会"露出水面"，经济社会所面临的严峻挑战可想而知。正因为如此，改革才至为迫切。在这里，改革的大逻辑是跟随经济发展的大逻辑走的，经济新常态为中国下一步改革设定了基本语境（context）。同时，经济增速下滑并非新常态的全部，新常态还意味着经济朝向形态更高级、分工更复杂、结构更合理阶段演化的革命性转变。不过，这些转变也只有通过全面深化改革来引领实现。换言之，唯有改革，我们才能达至新常态"蝶变"成新平台、新机制与新境界的美好愿景。

参考文献

英文文献

1. Adelman, I. and Morris, C. T., 1967, *Society, Politics and Economic Development——A Quantitative Approach*, Baltimore, Md.: Johns Hopkins University Press.
2. Andrew Walder, 1995, "Local Governments as Industrial Firms: An Organizational Analysis of China's Transitional Economy", *American Journal of Sociology*, 101 (2).
3. April Harding and Alex Preker, 2003, *Private Participation in Health Services*, Washington, D. C.: the World Bank.
4. Barry Naughton, 1994, "Chinese Institutional Innovation and Privatization from Below", *American Economic Review*, Vol. 84, No. 2.
5. Brown, L. R., 1981, *Building a Sustainable Society*, New York: Norton and Co.
6. Burk, Edmond and Edmund Burke, 1986, *Reflections on the Revolution in France* [1790], Penguin Classics.

7. Chun Chang and Yijiang Wang, 1994, "The Nature of the Township-village Enterprise", *Journal of Comparative Economics*, 19.

8. Clower, R. W., 1966, *Growth Without Development: An Economic Survey of Liberia*, Northwestern University Press.

9. Corden, W. Max, 2007, "Those Current Account Imbalances: A Skeptical View", *The World Economy*, 30.

10. Fan, Shenggen, 1991, "Effects of Technological Change and Institutional Reform on Production Growth in Chinese Agriculture", *American Journal of Agricultural Economics*, 73 (2).

11. Frankel, Jeffrey, 2010, *Monetary Policy in Emerging Markets: A Survey*, NBER Working Paper No. 16125.

12. Gill, I., Kharas, H., and others, 2007, *An East Asian Renaissance: Ideas for Economic Growth*. The International Bank for Reconstruction and Development / World Bank.

13. Goulet, D., 1971, *The Cruel Choice: A New Concept in the Theory of Development*, New York: Atheneum.

14. Hart, Oliver, Andrei Shleifer, and Robert W. Vishny, 1997, "The Proper Scope of Government: Theory and an Application to Prisons", *Quarterly Journal of Economics*.

15. Huang, J. and Rozelle, S., 1996, "Technological Change: The Re-Discovery of the Engine of Productivity Growth in China's Rural Economy", *Journal of Development Economics*, 49 (2).

16. International Monetary Fund, World Economk Outlook Doctabase, October 2014.

17. Jean Oi, 1992, "Fiscal Reform and the Economic Foundations of Local State Corporatism in China", *World Politics*, Vol. 45, No. 1.

18. Jefferson, G. and Rawski, T. , 1995, *How Industrial Reform Worked in China: The Role of Innovation, Competition, and Property Rights*, Proceedings of the World Bank Annual Conference on Development Economics 1994, Washington, D. C. : World Bank.

19. Jiahua Che and Yingyi Qian, 1998, "Insecure Property Rights and Government Ownership of Firms", *Quarterly Journal of Economics*, 113 (2).

20. Jin, H. , Y. Qian and B. Weingast, 2005, "Regional Decentralization and Fiscal Incentives: Federalism, Chinese Style", *Journal of Public Economics*, 89 (9 – 10).

21. Keane, Michael P. and Eswar S. Prasad, 2000, *Inequality, Transfers and Growth: New Evidence from the Economic Transition in Poland*, IMF working paper, WP/00/117.

22. Lall, S. , 1994, "Industrial policy: The role of Government in Promoting Industrial and Technological Development", *UNCTAD Review*.

23. Lardy, Nicholas, 1994, *China in the World Economy*, Washington, DC: Institute for International Economics.

24. Li, Wei, 1997, "The Impact of Economic Reform on the Performance of Chinese State Enterprises, 1980 – 89", *Journal of Political Economy*, 105 (5).

25. Lin, Justin Yifu, 1992, "Rural Reforms and Agricultural Growth in China", *American Economic Review*, 82 (1).

26. Martin Weitzman and Chenggang Xu, 1994, "Chinese Township-village Enterprises as Vaguely Defined Cooperatives", *Journal of Comparative Economics*, 18.

27. McMillan, J. , Whalley, J. and Zhu, L. , 1989, "The Impact of China's Economic Reforms on Agricultural Productivity Growth", *Journal of Political E-*

conomy, 97 (4).

28. Meadows, D. L. et al., 1972, *The Limits to Growth*, New York: Universe Books.

29. Montinola, G., Yingyi Qian and Berry Weingast, 1995, "Federalism, Chinese Style: the Political Basis for Economic Success in China", *World Politics*, 48 (1).

30. Perroux, F., 1983, *A New Concept of Development: Basic Tenets*, London: Croom Helm.

31. Popov, Vladimir, 2007, *Shock Therapy Versus Gradualism Reconsidered*, CEFIR / NES Working Paper series No. 68.

32. Qian, Y., and B. Weingast, 1997, "Federalism as a Commitment to Preserving Market Incentives", *Journal of Economic Perspectives*, 11 (4).

33. Qian, Y., and G. Roland, 1998, "Federalism and the Soft Budget Constraint", *American Economic Review*, 88 (5).

34. Seers, D., 1969, "The Meaning of Development", *International Development Review*, 11 (4).

35. Sen, A., 1999, *Development as Freedom*, New York: Alfred A. Knopf Inc.

36. Singer, H. W., 1965, "Social Development: Key Growth Sector", *International Development Review*, 7 (1).

37. Sun, Laixiang, 1997, *Emergence of Unorthodox Ownership and Governance Structure in East Asia: An Alternative Transition Path*, Research for Action, No. 38, Helsinki: UNU/WIDER.

38. Todaro, M. P., 1977, *Economic Development in the Third World*, Longman.

39. United Nations Development Program, 1996, *Human Development Report*, New York: Oxford University Press.

40. United Nations Research Institute on Social Development, 1970, *Contents and*

Measurements of Socioeconomic Development, Geneva: UNRISD.

41. Victor Nee, 1992, "Organizational Dynamics of Market: Hybrid Forms, Property Rights, and Mixed Economy in China", *Administrative Science Quarterly*, Vol. 37, No. 1.

42. Wen, Guanzhong James, 1993, "Total Factor Productivity Change in China's Farming Sector: 1952–1989", *Economic Development and Cultural Change*, 42 (1).

43. World Bank, 2010, *Robust Recovery, Rising Risks*, East Asia & Pacific Update, Washington D. C.: World Bank.

中文文献

1. 安德烈·施莱弗、罗伯特·维什尼:《掠夺之手》,中信出版社 2004 年版。

2. 白和金:《社会主义市场经济体制若干重要问题研究》,中国计划出版社 2002 年版。

3. 伯南克:《金融危机对经济学的启示》,《比较》2010 年第 5 期。

4. 勃兰特、罗斯基主编:《伟大的中国经济转型》,格致出版社、上海人民出版社 2009 年版。

5. 陈云:《陈云文选》第 3 卷,人民出版社 1995 年版。

6. 邓力群、马洪、孙尚清、吴家骏:《访日归来的思索》,中国社会科学出版社 1979 年版。

7. 邓小平:《邓小平文选》第 3 卷,人民出版社 1993 年版。

8. 邓小平:《邓小平文选》第 2 卷,人民出版社 1994 年版。

9. 董昀:《体制转轨与中国经济波动形态的变化》,《开放导报》2011 年第 2 期。

10. 董昀：《回到凯恩斯还是回到熊彼特——基于主流宏观经济学发展历程的理论反思》，《金融评论》2012年第1期。

11. 樊纲：《渐进改革的政治经济学》，上海远东出版社1996年版。

12. 樊纲：《通货紧缩、有效降价与经济波动——当前中国宏观经济若干特点的分析》，《经济研究》2003年第7期。

13. 方福前等：《国有经济改革与中国经济波动的平稳化》，《管理世界》2012年第3期。

14. 马丁·费尔德斯坦：《20世纪80年代美国经济政策》，经济科学出版社2000年版。

15. 贡德·弗兰克：《白银资本》，中央编译出版社2000年版。

16. 傅高义：《邓小平时代》，生活·读书·新知三联书店2013年版。

17. 《光明日报》评论员：《凝聚改革共识：全面深化改革系列谈之一》，《光明日报》2014年3月24日。

18. 郭连成：《俄罗斯经济转轨与转轨时期经济论》，商务印书馆2005年版。

19. 韩文秀：《买方市场条件下的宏观调控》，《管理世界》1998年第5期。

20. 胡鞍钢等：《中国国家治理现代化》，中国人民大学出版社2014年版。

21. 黄群慧：《新时期如何积极发展混合所有制经济》，《行政管理改革》2013年第12期。

22. 黄亚生：《中国经济是如何起飞的》，《经济社会体制比较》2013年第2期。

23. 吉尔、卡拉斯等：《东亚复兴》，中信出版社2009年版。

24. 江小涓：《中国开放三十年的回顾与展望》，《中国社会科学》2008年第6期。

25. 金碚：《构建改革机制的无知之幕》，《中国经营报》2013年3月11日。

26. 金荦：《中国资本管制强度研究》，《金融研究》2004年第12期。

27. 金祥荣、林承亮：《对中国历次关税调整及其有效保护结构的实证分析》,《世界经济》1999 年第 8 期。

28. 格泽戈尔兹·科勒德克：《从休克到治疗：后社会主义转轨的政治经济》,上海远东出版社 2000 年版。

29. 柯武刚、史漫飞：《制度经济学：社会秩序与公共政策》,商务印书馆 2000 年版。

30. 拉迪·尼古拉斯：《中国未完成的经济改革》,中国发展出版社 1999 年版。

31. 李稻葵：《转型经济中模糊产权理论》,《经济研究》1995 年第 4 期。

32. 李克强：《在中国工会第十六次全国代表大会上的经济形势报告》,《工人日报》2013 年 11 月 4 日。

33. 李黎力、沈梓鑫：《经济学向何处去——金融危机以来的经济学反思》,《经济理论与经济管理》2012 年第 7 期。

34. 李扬、殷剑峰、陈洪波：《中国高储蓄、高投资和高增长研究》,《财贸经济》2007 年第 1 期。

35. 李扬、张晓晶：《失衡与再平衡》,中国社会科学出版社 2013 年版。

36. 林建浩等：《中国宏观经济波动的"大稳健"——时点识别与原因分析》,《经济学季刊》2013 年第 2 期。

37. 林毅夫、蔡昉、李周：《中国的奇迹：发展战略与经济改革》,上海三联书店、上海人民出版社 1994 年版。

38. 林毅夫：《发展与转型：思潮、战略和自生能力》,载北京大学中国经济研究中心网站,2007 年。

39. 林重庚：《中国改革开放过程中的对外思想开放》,《比较》2008 年第 38 期。

40. 刘国光：《正视通货膨胀问题》,《经济日报》1988 年 4 月 5 日。

41. 刘国光：《改革开放新时期的宏观调控》,《百年潮》2010 年第 1 期。

42. 刘国光、刘树成：《论"软着陆"》,《人民日报》1997 年 1 月 7 日。

43. 刘国光等：《80年代中国经济体制改革与发展》，经济管理出版社1991年版。

44. 刘树成：《我国经济进入中高速增长阶段》，《人民日报》2013年10月14日。

45. 热若尔·罗兰：《转型与经济学》，北京大学出版社2002年版。

46. 史蒂芬·罗奇：《向中国学习宏观调控》，《金融时报》中文版2012年3月9日。

47. 麦迪森：《世界经济千年史》，北京大学出版社2003年版。

48. 庞明川：《中国特色宏观调控的实践模式与理论创新》，《财经问题研究》2009年第12期。

49. 裴长洪：《中国开放型经济建立的经验分析》，《财经问题研究》2009年第2期。

50. 戚义明：《十八大以来习近平同志关于经济工作的重要论述》，新华网2014年2月22日。

51. 青木昌彦：《比较制度分析》，上海远东出版社2001年版。

52. 任进：《行政审批制度改革再上新台阶》，《瞭望新闻周刊》2014年第34期。

53. 世界银行：《2020年的中国——新世纪的发展挑战》，中国财政经济出版社1997年版。

54. 斯蒂格利茨：《改革向何处去？论十年转轨》，《中国国情分析研究报告》1998年第44期。

55. 斯蒂格利茨：《社会主义向何处去——经济体制转型的理论与证据》，吉林人民出版社1998年版。

56. 汤玉刚、赵大平：《论政府供给偏好的短期决定：政治均衡与经济效率》，《经济研究》2007年第1期。

57. 田国强：《中国乡镇企业的产权结构及其改革》，《经济研究》1995年第 3 期。

58. 王健：《透视改革开放以来的六次宏观调控》，《前线》2008 年 9 月 5 日。

59. 王梦奎主编：《中国经济转轨二十年》，外文出版社 1999 年版。

60. 王宇：《经典的波兰汇率制度渐进改革》，《中国外汇管理》2004 年第 7 期。

61. 马丁·沃尔夫：《中国改革：请超越渐进式发展模式》，英国《金融时报》2006 年 6 月 12 日。

62. 吴敬琏：《中国政府在市场经济转型中的作用》，《国民经济管理》2004 年第 9 期。

63. 吴敬琏：《当代中国经济改革教程》，上海远东出版社 2010 年版。

64. 吴敬琏：《经济学与中国经济的崛起》，《比较》2011 年第 4 期。

65. 武力：《价格改革"闯关"及其受挫》，国史网 2010 年 1 月 26 日。

66. 谢千里、罗斯基、郑玉歆：《改革以来中国工业生产率变动趋势的估计及其可靠性分析》，《经济研究》1995 年第 12 期。

67. 熊彼特：《经济分析史（第三卷）》，商务印书馆 1995 年版。

68. 杨君昌：《宏观经济思想演变与我国宏观调控政策选择》，《上海财经大学学报》2000 年第 6 期。

69. 杨胜群主编：《邓小平年谱》，中央文献出版社 2004 年版。

70. 殷剑峰：《21 世纪中国经济周期平稳化现象研究》，《中国社会科学》2010 年第 4 期。

71. 俞可平：《海外学者论中国经济改革》，中央编译出版社 1997 年版。

72. 曾旺达等：《中国经济改革的新阶段》（国际货币基金组织《不定期刊物》选编 114，彭刚等译），中国金融出版社 1995 年版。

73. 张曙光、张燕生、万中心：《中国贸易保护代价的实证分析》，《经济研究》1997 年第 2 期。

74. 张晓晶：《WTO 与中国经济：一个综述》，中国改革基金会国民经济研究所工作论文。

75. 张晓晶、董昀：《重构宏观经济政策框架：探索与争论》，《比较》2013 年第 3 期。

76. 张晓晶、李成、常欣、张平：《后危机时代的中国宏观调控》，《经济研究》2010 年第 11 期。

77. 张卓元主编：《论争与发展：中国经济理论 50 年》，云南人民出版社 1999 年版。

78. 张卓元等：《新中国经济史纲（1949—2011）》，中国社会科学出版社 2012 年版。

79. 赵人伟：《1985 年"巴山轮会议"的回顾与思考》，《经济研究》2008 年第 12 期。

80. 周黎安：《中国地方官员的晋升锦标赛模式研究》，《经济研究》2007 年第 7 期。

81. 朱镕基：《朱镕基讲话实录（第三卷）》，人民出版社 2011 年版。

索　引

增量改革　40，124

"三步走"战略　105

WTO　63－66，68，71，73，74，76

财税体制改革　50，195

创新发展　116

顶层设计　3，5，14，16，139，143，144，148，151－155，157

对外开放　16，61－64，76－79，113，184，204

非公经济　24

负面清单　76，189，191，201

改革路径　2，12，88，123，148，153

公共治理　149，176，177

国有资产管理体制　33，193，194

行政审批制度改革　186－189

宏观管理体制　80，84，89，100，102，103

宏观调控　44，46，50，52，80－103，163，183，199，202，213

户籍制度改革　208，209

汇率弹性化　202

混合所有制　3，30，33，184，185，189－192，194，195

经营城市　166，173

激进式改革　125，136

激励相容　141，145，146，192

计划经济　9－11，13－15，17－19，24，36，42，43，45，48，56，61，62，85，89－93，118，124－126，182－184

索 引

休克疗法　107，123，125，126，130，132，133，135

价格闯关　16，33，37-39，93

建设用地直接入市　206

双轨制　2，12，13，16，33-37，47，48，124，173，174，200

金融体制改革　52，95，130，198

经济改革　4，12，13，29，39，41，64，82，90，92，94，123，125，155，182，186

经济结构调整　106，203

经济全球化　59，60，74，78

经济新常态　77，99，210，213

经济增长　12，38，59，67，77，82，85，87，93，95，97，99，100，106，108-111，114，116，117，125，160，171，172，179，209-213

经济周期　82，85，89

开放型经济　58，62，63，65，74，76-78

可持续发展　87，110，111，113，114，146，161

可竞争性市场结构　193

利率市场化　47，199，200

摸着石头过河　3，5，14，16，17，124，137，139，151，154

企业改革　2，24，29-32，46，92，97，189-192

全面深化改革　85，102，142，143，182，213

全球制度竞争　4

人本发展理论　111

融资直接化　201

社会保障　41，46，51，52，55-57，73，106，115，116，122，124，160，163，164，194，195，209

社会体制改革　114，155，159

社会主义市场经济　10，15，17，24，27，32，33，40-42，44-46，50-54，56，65，95，96，99，100，105，113，153，155，158，159，183-185，193

生态文明体制改革　155，160，186

市场经济　3，9，10，13-15，22，24，29，30，35，41，43-46，56，60，64，81，84，85，90，93，95，117，125-127，129，134，135，142，152，159，163，185

市场调节　34，35，42，64，90，91，93，182，183

政府行为　145，162-165，167，171，174，178，182

收入分配　46，53，55，56，86，92，99，109，114，115，121，122，132，138，160，162

体制转轨　29，82，89，90，101，102，104

土地财政　166，173，195，213

土地制度改革　174，205，207

文化体制改革　155，158，159

协调发展　104，113-115，184

银行商业化　200

营改增　146，196

增长动力转换　211，212

渐进式改革　2，40，123-125，136-138

资本账户自由化　203

综合协调发展　109